変わる!
名鉄電車のゆくえ

"スカーレット"の生き残り策

徳田耕一

Tokuda k

交通新聞社新書 160

はじめに　～令和時代の名鉄電車～概論

名鉄は愛知、岐阜県下の中小私鉄の合併会社

中部地方の名門私鉄、名古屋鉄道。名鉄の略称で親しまれている同社は、名古屋を中心に愛知・岐阜県下に路線を延ばし、総営業距離は444・2㎞。関西の近畿日本鉄道、関東の東武鉄道に次ぎ私鉄第3位の路線網を誇る。名鉄も数多くの中小私鉄の合併会社だが、前身の愛知馬車鉄道が設立免許を受けた明治27（1894）年6月25日が嚆矢だ。

その根幹は、二大主流の名岐《めいぎ》鉄道と愛知電気鉄道（愛電）の各線で構成されるが、世界的不況による鉄道統制策で昭和10（1935）年8月1日、両社は合併した。名岐鉄道が存続し愛電は解散、社名を名岐鉄道の前身と同じ名古屋鉄道に改称。以後、各社の路線を可能な限りつなぎ、鉄道事業を母体に関連事業なども手がけ地域開発に貢献してきた。

令和時代の主役は通勤型3扉ロングシート車

時代は昭和から平成、さらには令和へと流れ、一昔前までは車窓に田畑が目立っていた

名鉄沿線も、宅地化が進んで電車利用客が急増。輸送形態も首都圏（関東）・近畿圏（関西）並みのシティ電車の様相を呈し、料金不要の一般車は昭和の名車「パノラマカー」で一世を風靡した2扉クロスシート車から、通勤型の3扉ロングシート車が主役となった。

そして令和元（２０１９）年暮れ、名鉄の電車としては平成20（２００８）年に独立路線の瀬戸線（栄町～尾張瀬戸）に投入された４０００系以来、何と11年ぶりの新型車として注目された本線系の通勤車、９５００系が営業運転を開始した。だが、それと入れ替わるようにパンタを降ろしたのがパノラマカーの流れを汲み、前面展望が楽しめた５７００系・５３００系だった。両系の引退で料金不要の前面展望サービスは幕引きとなったが、名鉄黄金時代の〝大衆展望〟が脳裏に焼き付く昭和生まれの人には寂しさがつのる。

特別車は〝名鉄式グリーン車〟

空港アクセスのミュースカイは全車特別車だが、快速特急と特急、ごく一部の急行には全車一般車の特急を除き、特別車両料金（特別車両券、通称〝ミューチケット〟）を必要とする2扉クロスシートの特別車（リクライニングシートで座席は指定）を連結している。

特別車と料金不要の一般車（自由席）を併結した一部特別車編成は、名古屋本線（～豊

令和元年暮れに登場した最新鋭通勤車9500系。名鉄通勤型の標準タイプとして増備が進む。名古屋本線“豊橋急行”に活躍する9502Fほか6連。二ツ杁

パノラマカーの流れを汲む前面展望式の5700系グループも令和元年12月までに全車過去帳入り。5305F最後の勇姿　犬山線 西春～上小田井間

川線、〜西尾線）、犬山線（〜広見線）、常滑線（〜空港線）・河和線（〜知多新線）で運行。特別車は6両または8両編成中の2両。このサービスはJR東日本の首都圏エリアを走る近郊列車（快速・普通）の自由席グリーン車と類似する施策でもある。名古屋都市圏のシティ電車で同サービスを導入しているのは名鉄だけ。年齢にかかわらず360円の均一料金で利用できる魅力は〝名鉄式グリーン車〟とも位置づけられ、〝名古屋名物〟に成長した。

ちなみに、急行でも特別車による着席サービスの営業は令和3年3月15日から。車両運用の都合により一部特別車編成の特急車を使用する急行以下の種別は、早朝・夜間に存在するが、特別車は締め切り扱いの回送車としていたものの、旅客のニーズと混雑緩和の観点から実施に踏み切った。当面は平日早朝の犬山線新鵜沼始発の上り2本（豊川稲荷行き・河和行き）が対象だが、令和の新しい営業施策として今後の動向に注目したい。

ちなみに、特別車にはハイデッカー展望室がある前面パノラマ式電車1000形も健在。バブル時代の昭和63年に登場した「パノラマSuper」の残党だが、1200系一部特別車編成の豊橋（河和・内海）方先頭車に連結され、内外のリニューアル、新塗装化も成り、令和時代も人気者だ。昭和末期の〝民営国鉄〟に対抗した名鉄の意気込みが感じられる名車だけに、有料車両ながらも名鉄最後の前面展望車として長寿を期待したい。

名駅再開発で〝迷駅〟こと名鉄名古屋駅の改良は実現するのか

名鉄で唯一「本線」を名乗る名古屋本線は各路線の背骨だが、その拠点の名鉄名古屋駅は昔も今も名鉄の中枢。同駅には〝準本線〟ともいえる常滑線（～河和線）や犬山線などからの列車も乗り入れ、放射状に延びる名鉄主要路線の扇の要となっている。列車密度はきわめて高く、世界でも珍しい通過型の巨大ターミナルだが、第二次世界大戦中に開業した地下駅で、ホームは3面2線と手狭。苦肉の策として、路線ごとの方面別に列車の停車位置を変えて混雑緩和に努めているが、ラッシュ時は〝迷駅〟となっているのが現状だ。

今、名駅界隈ではリニア中央新幹線の建設工事が本格化した。名鉄もリニアの名古屋開業を見据え、近鉄グループホールディングス（GHD）など計4社と共同で大規模な再開発事業を計画。開発区域は2万8千㎡で、各社所有のビル6棟を解体し、地上30階建て相当の巨大な横長ビルを建設。オフィスやホテル、商業施設などを入居させ、名鉄名古屋駅の拡幅・線増も盛り込まれた。実現すれば昭和40年代の第2次駅前開発に君臨した〝昭和の名鉄城〟も見納めとなり、名駅通に面した笹島界隈の様相が一変しそうな気配だった。

しかし、コロナ禍の影響による社会環境の変化が見通せず、当初計画の令和4（2022）年度着工は先送りとなり、令和6年度をメドに社会情勢を見きわめ、開発規模を慎重に検討するとのことだ。再開発区域の大半は、旧国鉄初代名古屋駅の跡地であるのも興味深いが、名鉄名古屋駅が〝迷駅〟から「名駅」に変身するのはいつのことだろうか。

ほんとうにコロナ禍が恨めしいが、令和3年6月25日に就任した名鉄新社長の髙﨑裕樹氏は、2030年ごろを目標に駅機能の2面4線化？ は実現させたい…と提示。中期経営改革では、コロナ禍で傷んだ本業の交通構造改革を推進し、沿線開発による不動産事業にも注力。すなわち、地域資源を活かした「まちづくり志向の開発」も進めたいという。

令和3年は〝減量ダイヤ改正〟を春と秋に実施

テレワークの浸透や不要不急の外出自粛で旅行需要も激減し、コロナ禍による輸送人員の減少は鉄道各社とも同じ。名鉄でも長期輸送需要減を見据えた〝減量ダイヤ改正〟を令和3（2021）年は春と秋に2回実施した。春は5月22日に行い、運行本数の削減、終電繰り上げなどで輸送の効率化を図った。運行本数の削減はリーマンショックの影響を受けた平成23（2011）年3月26日改正以来10年ぶり。中部国際空港へアクセスする「ミュースカイ」は、空港の旅客数低迷で多くの列車の運行区間を名鉄名古屋〜中部国際空港間に短縮。さらにその大半も旅客需要に応じた計画運休を昼間の列車を中心に実施。だが、平日朝ラッシュ時の運行本数は据え置き、微数ながらも混雑緩和を期待している。

ところで、前述の春の改正では名古屋本線の豊橋発着で終電の繰り下げがあった。概要は上り名鉄岐阜発豊橋行き特急の最終を快速特急（新安城は特別停車）に格上げして名鉄名古屋発は17分繰り下げ。下り豊橋発の終電、鳴海行急行は7分繰り下げ東海道新幹線下り最終「ひかり」との連絡を改善した。いずれも旅客のニーズに応えたものだが、名古屋本線は豊橋付近でJR飯田線と線路を共用し、豊橋駅は施設をJRから間借りしている。これぞJR東海の協力により実現できた施策だけに、両社の関係改善の証《あかし》の一つかも。

続く秋の改正は10月30日に実施。主要路線で昼間・深夜帯に運行本数や運行区間を見直し、ローカル列車を削減した。同改正を機に、全列車の走行位置を路線図に表示し、遅延や運休などをウェブサイトで視覚的に知らせる新サービスを開始し、好評を博している。

本書では不死鳥「パノラマカー」の魂が息づき、ライバル関係にあったJR東海とは共存共栄するような空気が漂い、厳しい経営環境の中でも地域の足として走り続ける「令和の名鉄」の施策を考察。また、近年の営業施策で耳にした〝こぼれ話〟もまとめてみた。

本書の内容は原則として、令和4年2月1日現在のものです。取材・執筆・編集には万全を期しましたが、お気づきの点がございましたらご指摘・ご指導を賜れれば幸甚です。

各種別の標準停車駅

{凡例} ミ＝ミュースカイを含む全種別が停車、快特＝停車上限は快速特急まで、以下同、特＝特急まで、快急＝快速急行まで、急＝急行まで、準＝準急まで、駅名未提出は普通のみ停車

〈名古屋本線〉 豊橋（快特）、伊奈（急）、国府（特）、本宿（急）、藤川（準）、美合（急）、男川（準）、東岡崎（快特）、矢作橋（準）、新安城（特）、知立（快特）、豊明（準）、前後（急）、中京競馬場前（準）、有松（準）、鳴海（急）、堀田（急）、神宮前（ミ）、金山（ミ）、名鉄名古屋（ミ）、栄生（急）、二ツ杁（準）、須ケ口（快急）、新清洲（快急）、大里（準）、国府宮（ミ）、名鉄一宮（ミ）、新木曽川（快特）、笠松（快特）、名鉄岐阜（ミ）

〈豊川線〉 国府（特）、八幡（急）、諏訪町（急）、稲荷口（急）、豊川稲荷（急）

〈西尾線〉 新安城（特）、南安城（特）、桜井（特）、南桜井（急）、米津（急）・桜町前（急）、西尾（特）・福地（急）、上横須賀（急）、吉良吉田（急）

〈常滑線・空港線〉 神宮前（ミ）、大江（急）、大同町（準）、聚楽園（準）、太田川（特）、尾張横須賀（特）、寺本（急）、朝倉（特）、古見（急）、新舞子（特）、大野町（急）、常滑（特）、りんくう常滑（急）、中部国際空港（ミ）

〈河和線〉 太田川（特）、南加木屋（快急）、巽ケ丘（快急）、阿久比（特）、住吉町（快急）、知多半田（特）、成岩（快急）、青山（特）、知多武豊（特）、富貴（特）、河和口（特）、河和（特）

〈知多新線〉 富貴（特）、上野間（特）、美浜緑苑（特）、知多奥田（特）、野間（特）、内海（特）

〈犬山線〉 名鉄名古屋（ミ）、栄生（急）、上小田井（快急）、西春（快急）、岩倉（ミ）、石仏（準）、布袋（快急）、江南（ミ）、柏森（特）、扶桑（快急）、木津用水（準）、犬山口（準）、犬山（ミ）、犬山遊園（ミ）、新鵜沼（ミ）

〈各務原線〉 名鉄岐阜（快急）、切通（快急）、新那加（快急）、各務原市役所前（快急）、六軒（快急）、三柿野（快急）、名電各務原（快急）、新鵜沼（快急）

〈津島線・尾西線〉 須ケ口（特）、甚目寺（特）、木田（特）、勝幡（特）、津島（特）、日比野（特）、佐屋（特）

〈広見線〉 犬山（ミ）、西可児（ミ）、可児川（ミ）、日本ライン今渡（ミ）、新可児（ミ）

〈瀬戸線〉 栄町（急）、東大手（急）、大曽根（急）、小幡（急）、喜多山（急）、大森・金城学院前（急）、印場（準）、旭前（準）、尾張旭（急）、三郷（急）、水野（急）、新瀬戸（急）、瀬戸市役所前（急）、尾張瀬戸（急）

変わる！名鉄電車のゆくえ――目次

はじめに　～令和時代の名鉄電車～概論　3
名鉄は愛知、岐阜県下の中小私鉄の合併会社／令和時代の主役は通勤型3扉ロングシート車／特別車は〝名鉄式グリーン車〟
名駅再開発で〝迷駅〟こと名鉄名古屋駅の改良は実現するのか／令和3年は〝減量ダイヤ改正〟を春と秋に実施

第一章　令和時代の名鉄車両　21
令和時代の名鉄車両　22
勇退した名車の話題　24
【コラム】名鉄5700系を意識して登場したJR211系0番代も引退　29
現役車両アラカルト　30
【コラム】名鉄の車両基地　37
【コラム】奏でて欲しいミュージックホーン　38

第二章　名鉄の新営業施策を考える　39
〈第1部〉名古屋本線の営業戦略とそれに関連した社の動向　40

【コラム】名古屋～豊橋、〝激安割引切符〟の推移　51
〈第2部〉名鉄 近年の廃止路線、代替公共交通機関の運行状況　55
〈第3部〉名鉄名古屋駅の改良構想と名駅再開発事業などの動向　60
徳さんのここが気になる　高級スーパーで見つけた定番アイテムの珍現象　68

第三章　パノラマカーで成功し、失敗?した教訓　69

〈第1部〉パノラマカーより、東京から買った中古車が好評を博した?　70
〈第2部〉なぜ名鉄は指定席車を特別車にしたのか　78
【コラム】一部特別車編成の特急車を使用する急行の謎　88

第四章　令和時代の名鉄電車 各路線の現況　豊橋～岐阜ブロック（名古屋本線）　89

名古屋本線　唯一「本線」を名乗る名鉄の背骨、JR東海道本線とは共存共栄!　91
【コラム】ふつうの駅に生まれ変わった西枇杷島駅　101
【コラム】豊橋の市電の多くは元岐阜の市電が活躍　111
徳さんのここが気になる　名古屋本線のサービスを考える　112

【コラム】列車種別と特別通過・特別停車の再考を　112
【コラム】「休憩室」名鉄パノラマカーの7000系を彷彿させる小田急ロマンスカーの70000形「GSE」　114

第五章　令和時代の名鉄電車 各路線の現況　東部・知多ブロック　115

豊川線　豊川市内を走る〝鉄道〟みたいな軌道線　116
徳さんのここが気になる　紛らわしい列車種別の統一を　119
西尾線　特急も走る西三河の〝高速ローカル線〟　120
徳さんのここが気になる　上り西尾行き特急のダイヤ調整を期待する　124
蒲郡線　三河湾沿岸を走る生活電車　125
【コラム】蒲郡線 懐かしの駅舎を偲ぶ　128
【コラム】6000系白帯車で沿線地域と路線の一体的な魅力づくり　128
【コラム】名鉄の運賃計算キロでの最長片道切符は蒲郡～御嵩間　129
徳さんのここが気になる　蒲郡線～西尾線ほか相互間の乗継方法を考察　129
三河線　世界のトヨタのお膝元を走る　130
【コラム】100系使用の〝チョン行〟　136

【コラム】刈谷市交通児童遊園にある名古屋市電1600型ほか　136
徳さんのここが気になる　三河線「山線」だけのホームセンサーを考察　137
豊田線　地下鉄鶴舞線へ乗り入れ、豊田と名古屋の都心を直結　138
常滑線・空港線　中部国際空港へのアクセスを担う基幹路線　141
徳さんのここが気になる　「ミュースカイ」の停車駅再考を　147
築港線　名古屋港臨海工業地帯への重要なアシ　148
徳さんのここが気になる　昼間は電車が走らないことの徹底を！　並行する市バス路線はある　150
河和線　知多半島東海岸を走る〝高速〟タウントレイン　151
徳さんのここが気になる　全車一般車の特急に転換クロスシート車を　154
【コラム】河和線開業90周年記念で走った特別編成　2000系と9500系の併結8連が走る　155
【コラム】河和港からは名鉄海上観光船の高速船が連絡　156
知多新線　知多半島南部の山あいを走る通学路線　157
徳さんのここが気になる　運転系統の再考と列車種別の整理を　160

第六章　令和時代の名鉄電車 各路線の現況　西部ブロック（含む岐阜地区）　161
犬山線　地下鉄も乗り入れる名古屋北部のシティライン　162
【コラム】保存展示されているモノレール線の車両　169
【コラム】犬山線は競合他社がなく、運賃も割高の〝超ドル箱路線〟　170
徳さんのここが気になる　快速特急と特急の統合を　170
各務原線　岐阜市東部と各務原市内を走るタウン電車　171
徳さんのここが気になる　割高運賃に見合う輸送サービスを……　174
小牧線　名古屋の北東部を走る地下鉄直通のタウントレイン　175
徳さんのここが気になる　上飯田線は高岳経由で名駅乗り入れを……　179
広見線　名古屋のベッドタウンとして発展した可児市への速足《はやあし》　180
徳さんのここが気になる　惜しまれた名鉄資料館の閉館　184
竹鼻線　羽島線　岐阜地区の〝羽島地域〟で親しまれている生活電車　185
徳さんのここが気になる　大須方面の電車代替バスの利用促進を　189
津島線　いなか電車から都市近郊線に発展　190

徳さんのここが気になる 津島駅の駅前再開発を期待する 194
尾西線 名鉄の営業路線で歴史は最古、運転系統は三分割 195
徳さんのここが気になる 弥富駅（JR東海と名鉄の共同使用駅）のICカードでの乗降方法を考える 201
瀬戸線 名古屋の山の手を走る独立路線 202
徳さんのここが気になる 瀬戸線のダイヤは地下鉄型だが…… 210

第七章 名鉄の切符改革 211

名鉄の切符改革 212
最新 旅客営業制度の概要（抜粋） 222

営業キロ程・旅客運賃計算キロ程表 …… 232

あとがき …… 238

〈凡例〉
※各種記号は停車種別の上限標準停車駅を示す。詳しくは10頁、20頁を参照

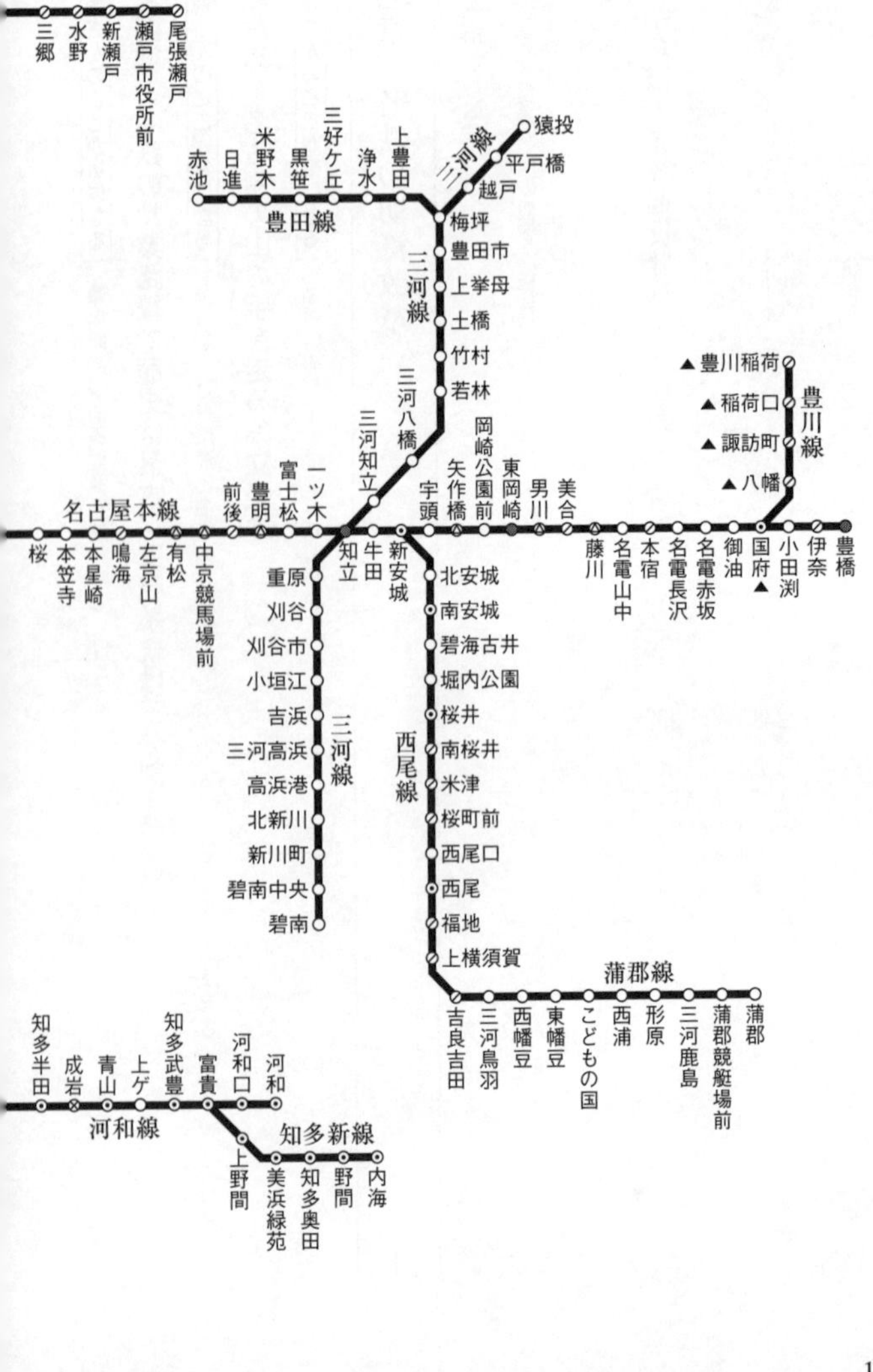

三郷
水野
新瀬戸
瀬戸市役所前
尾張瀬戸
豊田線
赤池
日進
米野木
黒笹
三好ケ丘
浄水
上豊田
三河線
猿投
平戸橋
越戸
梅坪
豊田市
上挙母
土橋
竹村
若林
三河八橋
三河知立
名古屋本線
桜
本笠寺
本星崎
鳴海
左京山
有松
中京競馬場前
前後
豊明
富士松
一ツ木
知立
牛田
新安城
宇頭
矢作橋
岡崎公園前
東岡崎
男川
美合
藤川
名電山中
本宿
名電長沢
名電赤坂
御油
国府▲
小田渕
伊奈
豊橋
豊川線
▲豊川稲荷
▲稲荷口
▲諏訪町
▲八幡
重原
刈谷
刈谷市
小垣江
吉浜
三河高浜
高浜港
北新川
新川町
碧南中央
碧南
西尾線
北安城
南安城
碧海古井
堀内公園
桜井
南桜井
米津
桜町前
西尾口
西尾
福地
上横須賀
蒲郡線
吉良吉田
三河鳥羽
西幡豆
東幡豆
こどもの国
西浦
形原
三河鹿島
蒲郡競艇場前
蒲郡
河和線
知多半田
成岩
青山
上ゲ
知多武豊
富貴
河和口
河和
知多新線
上野間
美浜緑苑
知多奥田
野間
内海

名鉄路線図

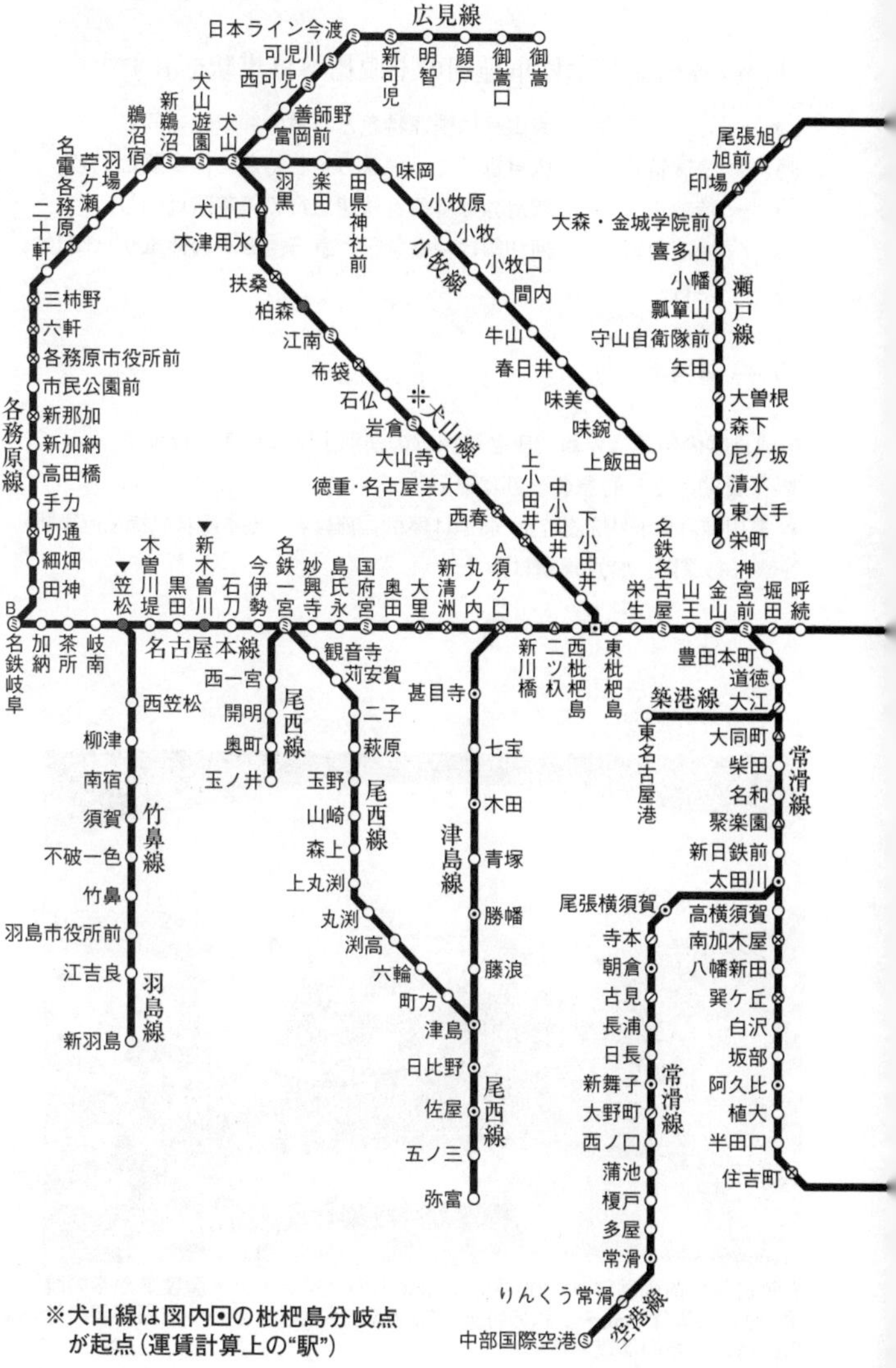

※犬山線は図内回の枇杷島分岐点が起点（運賃計算上の"駅"）

〈凡例〉各種記号は停車種別の上限標準停車駅を示す

- ⓜ ― ミュースカイ
- ● ― 快速特急
- ⊙ ― 特急
- ⊗ ― 快速急行
- ⊘ ― 急行
- ⊛ ― 準急
- ○ ― 普通

犬山線は快速特急と特急の停車駅は同じ
広見線はミュースカイと特急の停車駅は同じ
常滑線は特急と快速急行の停車駅は同じ
河和線は快速急行、急行、準急の停車駅は同じ

A 津島線の特急は停車　B 各務原線の種別上限は快速急行まで

▼ 平日朝の上り特急の一部は通過

▲ 豊川稲荷発下り快速特急・特急は停車(国府は名古屋本線特急標準停車駅)

各線とも原則、特別停車は除く

名鉄最後の前面展望車1200系編成1000形のハイデッカー展望室からの眺望。対向列車は平成〜令和の特急車2200系、平屋車体でかつ前面展望の魅力が消滅したのは残念だ

第一章　令和時代の名鉄車両

現役車両、最近の動向　一般車の主役は3扉ロングシート車へ

料金不要の前面展望サービスは昭和の良き思い出。パノラマカーの流れを汲んだ最後の名車、昭和のスーパーロマンスカーの一族で〝NSR〟こと新SR車の5700系・5300系も令和元（2019）年12月に過去帳入り。その代替として登場したのが最新鋭通勤車9500系である。同系は1編成4両だが、同じ系列で同2両の9100系も翌年に登場。両系は快速特急から普通まで全種別の一般車（料金不要・自由席）に使用できる汎用車で、令和時代の名鉄通勤型の標準タイプとなった。

一般車はすべて通勤型。ステンレスカーの9500系や3300系、鋼製車で赤い車体の3500系や3700系などは通称〝3R〟と呼称、最高時速120km運転も可能で、名古屋本線では急行以上の優等列車にも活躍している。また、名鉄の元祖高性能3扉通勤車6000系（最高時速100km）は現役だが、その仲間の6500系・6800系（同110km）も含め、6000番代車は通称〝6R〟と呼称され、平日の昼間は全車一般車の〝河和・内海特急〟にも活躍。このほか、地下鉄乗り入れ用の100系・200系（豊田線・犬山線用）、300系（小牧線用）は、他の通勤車の車体が18～19m級の3扉車なのに対し、20m級ロングボディの4扉車だ。また、独立路線の瀬戸線には、同線専用のオー

ル・ステンレスカー4000系が活躍。ちなみに、6500系の多くと3300系の一部、3000系はセミクロスシート車となっている。

一方、特急型1200系の一般車は3扉で転換クロスシートが主体だが、後継車2200系はセミクロスでロングシートの比率が高い。ちなみに、同系は空港アクセス特急の運用が多いため、一部の編成のクロスシート部は2&1配置となっているのも特色だ。

全車一般車の特急は5700系の引退で通勤型に代わり、2扉車は特別車のみとなった。そして、空港アクセス2000系の試作車的要素を踏まえて登場した1700系（旧1600系）は、令和3年2月に引退した。

名鉄の次世代通勤車として増備が進む9500系。犬山線を快走する9500系4連の上り河和行き急行。西春～上小田井間

●ありがとう〝NSR〟5700系・5300系

国鉄分割民営化を意識し、昭和61(1986)年6月に登場した2扉・転換クロスシートのスーパーロマンスカーが5700系と5300系。〝NSR〟(ニュースーパーロマンスカー)こと新SR車とも呼ばれた。最高速度は時速110km、平屋車体ながらも運転室を介し、前面展望も可能なセミパノラマ構造が目玉だった。5700系は4両編成で通勤型6500系で実績のあるGTO界磁チョッパ制御の純新車。5300系は初代高性能車で非冷房SR車の旧5000系・5200系から機器を流用した車体更新車だが、制御装置は新製の界磁添加励磁制御を導入、補助電源装置も新製のGTOインバータを搭載し、4両編成と2両編成が存在した。ちなみに、5700系は新造の中間車を増結し、6両編成が2本存在した期間もあった。

登場時は名古屋本線の高速・急行などに活躍。平成2(1990)年10月29日改正で新設された一部指定席特急では、指定席車に1000系「パノラマSuper」4両か7700系白帯車2両、一般席車(現=一般車)に5700系(5300系)4両か5300系の2両などを連結した異制度併結編成が話題となった。しかし、両編成間は非貫通で誤乗客らと種々トラブルが発生。中部運輸局の指導で一般席車を新造の1200系と差し替えて貫通化し、指定席車は1000系2両に一般席車は1200系4両を連結した異制度併結貫通編成が登場。新編成は平成3年10月21日改正から順次戦列に就き、翌4年11月24日改正で名古屋本線の一部指定席特急は全列車が新編成となった。

余剰となった〝NSR〟は急行以下の仕業に就いたが、2扉クロスシートがラッシュ時に弱く、平成20（2008）年12月27日改正以降はローカル仕業がメインとなった。そして、平成21年11月には5300系から廃車が始まったものの、輸送体制の効率化を図った同23年3月26日改正で、平日昼間の〝河和・内海特急〟を全車一般車化。この時、その仕業の多くに〝NSR〟が抜擢され、思わぬ奇跡が起こったのである。

名古屋本線の高速・急行に活躍していた頃の5700系グループの勇姿。5300系4＋2の6連高速。島氏永〜国府宮間　昭和63年6月9日

これぞ勇退前の晴れ舞台となったが、奇跡の特急仕業は平成31年3月16日改正で終了。その後は3300系の増備や9500系の登場で廃車が加速。最後まで活躍した5305Fが同年12月23日に廃車となり、〝NSR〟は33年の短命に終わったのであった。

●空港特急車開発の布石となった1700系（1600系）

平成11（1999）年5月、パノラマカー7000系白帯車の置き換えとローカル特急のグレードアップを図るため、特急車初のVVVF制御を採用し、全車特別車3両編成の1600系が登場した。新製両数は3両編成×4本、総勢12両の〝少数派〟だったが、空港特急用車両の試作車的使命も担い、自社開発の自動幌連結装置のほか、1601Fには空気バネ限定車体傾斜装置も搭載、種々テストの成果は2000系開発の布石となった。1600系

先頭車はセミパノラマ構造の展望車で、運転室を介するものの前面展望は良好。デジタル式の速度計も設置されていた。豊橋方5801号車　昭和61年7月11日

の投入で特急は有料車両の専用車化が実現、これを機会に座席指定券は特別車両券（座席は指定）に変更、愛称を「μチケット」（ミューチケット）と名づけ利用促進を図った。

運用は津島～西尾特急をメインに、朝夕は名古屋本線や常滑線などでも活躍。3両運転が基本だが、2編成連結の6両運転は当初、平日朝の上り三柿野→国府、下り国府→新鵜沼の2本で実施。前面貫通タイプで、名鉄では久々の両編成間通り抜け幌を装備。それも自社開発の自動幌連結装置付きだった。翌12年の正月輸送では、豊川線直通の臨時特急に6両編成で投入。だが、新機構の自動幌連結装置が幌連結間を狭くし、国府駅構内の上下亘りポイントで支障をきたし急遽、編成間の幌連結を中止。〃宝の持ち腐れ〃となるハプニングもあった。その後は原則、6両運転時の編成間は貫通させず、輸送力列車では特別改札の車掌が複数で乗務した。

一方、特急営業政策の変更では一部特別車編成

晩年の1700系、前面幌は撤去され2200系カラー化。豊橋方の特別車2両が同系、一般車4両は2300系（2230番代）。名古屋本線 国府宮～奥田間　令和元年11月6日

が増備され、平屋車体の２２００系が主力となる。しかし、特別車の一部には１６００系の残党も活躍。平成20年に3両編成だった同系の岐阜方2両を方向転換し、電動車モ１７００形と中間附随車サ１６５０形を活用。ク１６００形は廃車したが、併結する一般車は一部機器をク１６００形から流用し、２２００系と同じ車体の２３００系（２３３０番代）を新造、その総称を１７００系とした。だが、異端車でかつ変組成のため特別車に２２００系（２２３０番代）を新造して１７００系と交代、令和3（２０２１）年2月までに２２００系と同じ編成に統一し１７００系は消滅した。

1600系時代は3＋3の6連でも活躍。国府駅構内の豊川線から名古屋本線上り～下りに亘るポイントが原因で自動幌連結装置が活用できなくなった。平成12年2月5日

名鉄5700系を意識して登場したJR211系0番代も引退

民営化移行を踏まえた昭和61（1986）年11月1日の国鉄最後のダイヤ改正では、名古屋地区の国鉄ダイヤが〝国電化〟され、編成短縮による効果で高頻度ダイヤが実現。東海道本線の快速は毎時2往復・30分ごとになり、その目玉として登場したのが、3扉・セミクロスシートの211系0番代4両編成×2本だった。国鉄本社が新生JR東海への〝嫁入り道具〟として新造したもので、同系は関東地区の湘南色とは異なり、ステンレス車体ながらも青色の帯に白のピンストライプを配した名古屋鉄道管理局オリジナルカラーで登場。帯の青は新会社が東海道新幹線を運営することから、新幹線電車の青をヒントにしたという。同改正では既存の117系も1編成を4両化して本数を倍増、211系を含む快速用車両の愛称は「シティライナー」に改称し、名鉄との〝ライバル決戦〟に意欲を燃やした。なお、青帯はのちに湘南色化されている。

時代は流れ、JR東海の211系（主力は5000番代）も新鋭315系の登場で引退が決定。名鉄5700系と同じ年に誕生したJR東海の0番代は、令和4（2022）年3月に一足早く勇退したのである。

国鉄最後のダイヤ改正で登場した快速「シティライナー」の発車式。211系0番代使用の東海道本線上り快速で挙行。名古屋　昭和61年11月1日

現役車両アラカルト

2000系　中部国際空港アクセス用の全車特別車編成で平成16（2004）年に登場。曲線高速走行のため空気バネによる車体傾斜装置を持ち、常滑線のカーブ通過は他形式より時速15km速い。3両編成で登場したが、のちに増備車も含め4両編成になる。最高運転速度は時速120km。「ミュースカイ」に限定使用されているが、イベント用に使用されることもある。

2200系　一部特別車の6両編成で平成16年に登場。特別車2両の車体は2000系とほぼ同じ2扉車、一般車4両は3扉車。車体傾斜装置はない。最高運転速度は時速120km。2000系と瓜二つの顔だが前面非貫通。車体塗色は2000系の青に対し、2200系は名鉄スカーレットが基調の赤だ。一般車は2300系とも呼称し、廃車の1700系と変

現代の名鉄の顔は「ミュースカイ」用2000系。朝夕は2編成連結の8連で“通勤特急”としても活躍。犬山線 西春～上小田井間

組成を組んだ仲間は新造の特別車を含み30番代が付加されている。

1200系　一部特別車の6両編成で、特別車2両は昭和63（1988）年に登場した前面ハイデッカー展望室を持つ「パノラマSuper」の1000系。当初は4両編成だったが平成3・4年に一部編成を2両ずつに分割、岐阜方に新造の一般車で3扉・転換クロスシートの1200系4両を連結し、現在はその総称を1200系と呼ぶ。1000系の4両編成で残った仲間は廃車になったが、残存編成は内外を改装。外装は赤を基調に白と組み合わせたツートンカラーに一新された。最高運転速度は時速120km。

1800系　ラッシュ時の1200系一般車の増結用。性能的には6800系と同じ界磁添加励磁制御車だが、最高運転速度は時速120km。平成3年に登場した特急型3扉車の2両編成で座席は転換クロスシート。昼間は単独でローカル列車にも使用される。

3500系　平成5年から同8年まで新造増備が

3100系の一部は2200系類似の特急カラーに変更。3100系特急色が先頭の下り本線急行。名古屋本線 奥田～国府宮間

続いた高速タイプの通勤車。４両編成で、ＶＶＶＦ制御・電気指令ブレーキを採用。最高運転速度は時速１２０㎞。

３７００系・３１００系 両系列は３５００系がベースだが、車体は少し角ばりワイドな印象を抱き、シングルアームパンタグラフを採用。３７００系は４両編成で平成９年～10年に、３１００系は２両編成で平成９年から同12年まで製造された。最高運転速度は時速１２０㎞。車体塗色は赤だが、３１００系の一部は特急型２２００系との増結を考慮し、一部は２２００系に類似した外装に変更された。だが、９１００系の登場で出番は減った。

３３００系・３１５０系 平成16年に登場したＶＶＶＦ制御の通勤型ステンレスカー。地下鉄乗り入れ用３００系（後述）をモデルに開発され、４両編成の３３００系は平成31年まで、２両編成の３１５０系は平成29年まで製造された。最高運転速度は時速１２０㎞。ステンレス車体だが先頭車の前頭部は普

3300系グループで2両編成の3150系は特急の増結からローカル列車まで何でもこなす汎用車だ。犬山線 枇杷島分岐点～下小田井間

通鋼体に塗装してある。当初、転換クロスシートとロングシートを扉間で交互に配置したが、第3次車以降の増備車はオールロングシートになる。本線系用で近年は前面窓下に太い赤帯の装飾が付加されたが、平成27年製造の第3次車3306Fは瀬戸線へ応援に行っており、同装飾の対象から外されている。

9500系・9100系　名鉄の次世代通勤型車両として、令和元（2019）年に3300系をベースに改良を加えた4両編成の9500系が、令和2年には3150系を改良した2両編成の9100系が登場。前面はモデルチェンジされ、パノラマカーから継承している名鉄スカーレットを多用、LEDの前照灯とセットし強く鋭敏な印象を受ける。最高運転速度は時速120km。通勤型初のFree Wi-Fi搭載車で、時代のニーズに応えている。

5000系　特急営業政策の変更で廃車となった一部の1000系の機器を流用、平成20年に3300系

9500系グループの9100系は最新鋭の身軽な2両編成。ローカル線にも入線し名鉄電車の魅力をアピールしている。竹鼻線 須賀〜南宿間

並みの車体を新造し載せ替えたのが5000系だ。界磁チョッパ制御・電磁直通ブレーキのため、VVVF制御・電気指令ブレーキの〃3R〃グループとは連結はできない。前面窓下の太い帯の形状は3300系とは異なる。最高運転速度は時速120km。

6000系 昭和51年に〃明日の通勤車〃として登場した名鉄初の3扉高性能通勤車。前面貫通形で側窓はパノラマカー風の連続窓、座席はバス風小型固定クロスシートを、中扉を境に車端方向へ配置。4両編成と2両編成があり、同55年の第5次車からは側窓が開閉、同59年の第9次車からは先頭車の顔が〃鉄仮面〃(後述)になるなど、各種仕様変更が多い。昭和60年まで増備が続き、のち全車ロングシート化。第5次車タイプの一部は平成7年から瀬戸線に転属したが、同線用は平成26年までに全車廃車。本線系の一部はワンマン化したが4両編成に運賃箱はない。最高運転速度は旧AL車並みの時速100km。

5000系は廃車の特急車1000系の機器を流用し車体を載せ替えた通勤車。3300系類似だが前面非貫通で帯の形状が異なる。河和線 高横須賀～南加木屋間

6500系　昭和59年に登場した6000系の改良車。4両編成で、回生ブレーキ併用のGTO界磁チョッパ制御車。座席は6000系よりワイドで肘掛付きに改良されたが、一方向の固定式である。先頭車は非貫通の特異な顔で〝鉄仮面〟。平成元年登場の第6次車からは、大型曲面ガラスを2枚配した斬新な顔に変わった。最高運転速度は時速110km。

6800系　6000系2両編成の改良型で昭和62年に登場。座席は6500系に準じ、界磁添加励磁制御、回生ブレーキ付きとなる。同系11～16次車とか6800番代とも呼称。先頭車の顔は〝鉄仮面〟になったが、平成元年製造車からは6500系第6次車と同じ顔に変更。平成3年製造車からはオールロングシートになる。現在、一部はワンマン化改造され、運賃箱なしの都市型ワンマン仕様となった。最高運転速度は時速110km。

4000系　平成20年に登場した瀬戸線専用のステンレスカー。車体は3300系に類似しているが、先頭部もステンレスで顔は角張っている。これは犬山検査場尾

最古参の6000系グループも全車一般車の特急に活躍。平日昼間の"内海特急"に活躍する6000系5次車。名古屋本線 金山～神宮前間

張旭検車支区に塗装設備がないための措置。ＶＶＶＦ制御車だが、瀬戸線は駅間距離が短く、カーブが多い路線でもあり、最高速度・設計最高速度とも時速１００㎞と低い。

１００系・２００系 昭和53年に豊田新線（現＝豊田線）～地下鉄鶴舞線との相互直通運転用に登場した20ｍ級４扉ロングシート車。４両編成だったが平成５年から６両編成化。増備年度により抵抗制御、界磁添加励磁制御、ＶＶＶＦ制御と異なる。２１１～２１４Ｆは名古屋本線や常滑線で暫定使用するため１００系２００番台（１００系６次車）とし、最終増備の２１５Ｆは全車ＶＶＶＦ制御のため２００系で登場。なお、１１１～１１５ＦはＶＶＶＦ制御に改造された。最高運転速度は時速１００㎞。

３００系 上飯田連絡線の開業に備え、平成14年に小牧線～地下鉄上飯田線との相互直通運転用に登場した20ｍ級４扉車。名鉄初のステンレスカーで、座席は扉間ごとに原則、転換クロスシートとロングシートを交互に配置。ＶＶＶＦ制御で、設計最高速度は時速１２０㎞だが、小牧線内は同95㎞である。

ＥＬ２００形 平成27年に旧型電気機関車の置換え用として新造。主要機器はできるだけ電車と共通化し、保線作業や車両回送などに活躍。牽引時は最高時速45㎞だが、単機なら同１００㎞走行も可能。

●名鉄の車両基地

舞木検査場（最寄駅は名電山中）、本線系全車両のほか瀬戸線車両の台車・床下機器、検査受託の名古屋市交通局7000形（地下鉄上飯田線～小牧線用）などの各種検査を実施。留置線本数は8両対応2本・10両対応1本、引上線として6両対応1本、試運転線400mもある。留置対象は原則、検査および工事用、新車、廃車予定車に限定。入出場は名古屋本線の藤川～名電山中間に設置されている舞木信号場だが、名電山中方面からしか入場できず、上り名鉄名古屋方面からは本宿で折り返して入出場する。

犬山検査場（最寄駅は犬山）本線系では2番目の規模の車両基地。瀬戸線を除く車両の日常検査、月検査、列車検査を実施。車輪旋盤、自動車輪測定装置なども設置。小牧線と地下鉄上飯田線を相互直通運転する名古屋市交通局7000形の検査も受託。検査ピット8両対応3線、4両対応1線。洗車台は8両対応。

犬山検査場新川検車支区（最寄駅は須ケ口）旧新川工場で、検修施設として車両旋盤、ドロップピット、10t天井走行クレーンなどを設置。検査ピットは6両対応2線・2両対応1線、車両留置両数は本線系最大規模を誇る。

犬山検査場豊明検車支区（最寄駅は豊明）旧鳴海工場の検車区施設を継承。検査ピット4両対応2線、車両洗浄装置は8両対応。新車の試運転基地としても使用される。

犬山検査場茶所検車支区（最寄駅は茶所）主に名古屋本線や空港線の優等列車用車両の列車検査、洗車、車内清掃など担当。検査ピットは8両対応2線。

犬山検査場猿投検車支区（最寄駅は猿投）豊田線用の100系・200系、三河線でも使用可能な6000系ワンマン対応編成が所属し、日常検査と清掃などを行う。20m車対応の検査線2本、留置線3本、洗浄線2

本（自動洗車機付きは1本）がある。

犬山検査場尾張旭検車支区（最寄駅は尾張旭）　4両編成対応の検査線4本、留置線6本、自動洗車機付きの洗浄線1本、保線車両用の留置線1本がある。検査棟にはドロップピット、10t天井走行クレーンなどもあり、全般検査と重要部検査も可能。しかし、独立路線のため作業は犬山検査場から技術員が出張、台車や床下機器は本線系の舞木検査場へ陸送し施工する。

●奏でて欲しいミュージックホーン

パノラマカーで定着した名鉄のミュージックホーン。「ミ・♯ド・ラ・ミ・♯ド・ラ・ミ〜」、昭和の名鉄は前面パノラマ式の7000系・7500系、7000系の車体を載せ替えた「パノラマDX」8800系はもちろん、平屋車体のセミパノラマカー7700系、平屋車体で旧型車の車体を載せ替えた吊りかけ駆動の7300系、独立路線の瀬戸線では本線系から転属の〝古豪〟を改造した特急車にもミュージックホーンを搭載。スカーレットの車体と音のコラボは名鉄特急の代名詞でもあった。そして令和時代も特急車1200系、2000系、2200系のほか、新型電気機関車EL120形は勇退したク1600形で捻出の機器を流用しているのは隠れた魅力だ。でも、耳にする機会は激減してしまったが、その理由とは……。

ミュージックホーンは警笛であり騒音などの問題もある。住宅街の前後付近は緊急時を除き警笛禁止区間があり、地下で手狭の名鉄名古屋駅は駅側から自粛の要請があったとか。JR飯田線との線路共用区間の豊橋付近は、JR東海との協定で禁止。その他の区間は運転士の裁量で鳴らすようだが、聞ける確率の高い駅は金山、太田川、りんくう常滑などなど。でも、これは筆者が耳にした実績であり保証はできない。

第二章

名鉄の新営業施策を考える

〈第1部〉名古屋本線の営業戦略とそれに関連した社の動向

名鉄とJR東海の〝ライバル決戦〟は終結したようでもある。負けるが勝ち？　名鉄はスピードよりきめ細やかな地域密着ダイヤと、使いやすい企画商品（割引切符）などで活路を模索した。

中部圏のゲートシティー＝名古屋を介し、中京地区の主要都市を結ぶ鉄道は、名鉄名古屋本線とJR東海道本線。近年はJRが豊橋〜名古屋間で東海道新幹線も地域輸送に加えるなど、3つの動脈がシェアの拡大をめぐる「サービス合戦」を展開している。使いやすさを考慮した割引切符の導入や新型車両の投入、緩急連絡を主体としたダイヤなど、アイデアを駆使した施策を利用客は理解し、各社の利点をうまく使い分けるようになった。

名鉄名古屋本線とJR東海道本線。豊橋〜岐阜間で路線が競合するルートを見ると、名古屋〜岐阜間はつかず離れずのスタイルで走るが、豊橋〜名古屋間はJRが海側を、名鉄は山側を通る。豊橋〜岐阜間だと距離的にはJRが102・7kmで名鉄の99・8kmより2・9km長い。比較的平坦で駅間が長くスピードが出しやすいJRに対し、名鉄はカーブが多く、拠点・起終点には隘路《あいろ》もある（詳しくは91頁を参照）。

こうした状況下でもあり、豊橋～岐阜間の所要時間はＪＲが最速72分（下り特別快速）、名鉄は同79分（上り快速特急）とＪＲが優位。対名古屋で区間を分けると、豊橋～名古屋間は名鉄が速く、名古屋～岐阜間だとＪＲが速い。かつては豊橋～名古屋間もＪＲが速かったが、諸般の事情で名鉄が逆転した。本章ではＪＲ優位の名古屋～岐阜間の現状、名古屋～豊橋〝名豊決戦〟の結果などを踏まえ、新時代の名鉄の営業施策を覗いてみた。

平成7年の運賃改定の効果は…

昭和62（１９８７）年4月1日の国鉄分割民営化以降、名鉄の営業施策はＪＲ東海の動向を意識し、精力的に取り組んできた。

そのトップは、昭和63年7月8日改正で登場した前面ハイデッカー展望室がある１０００系「パノラマＳｕｐｅｒ」。ＪＲの「快速」に対抗し、名古屋本線の特急（有料・座席指定）に投入した。そして、平成2（１９９０）年10月29日改正では特急営業政策を変更。高速（旧特急・料金不要・自由席）を廃止し、名古屋本線の特急には、特急と旧高速をドッキングさせた一部指定席車（現＝一部特別車）を新設、自由席は一般席車（現＝一般車）と呼称した。同改正で、名鉄特急は13年ぶりに料金不要サービスが復活し、名古屋本線の特急の一部は最高速度を時速120kmに引き上げた。翌3年10月21日改正では、1000系「パノラマSuper」使用の一部指定席特急の一部を異制度貫通編成化し、一般席車には新造の1200系を連結。ちなみに、この間の設備投資は莫大な金額となったが、〝中京の雄〟を守勢するために、背伸びの営業施策を行っていたようでもある。

しかし、平成7年9月1日、名鉄は普通運賃で最大20％もアップする運賃・料金改定を実施した。筆者は同改定の申請時における公聴会で、運輸省（現＝国土交通省）運輸審議会から条件付き賛成の一般公述人に選任された。同改定はバブル崩壊による利用客の減少、不採算路線を多数かかえる厳しい経営環境の中での設備投資で、輸送改善資金が底をついた感もある社の現状を懸念し種々改善策を提

ＪＲの上り豊橋行き快速313系5000番代とすれ違う名鉄の下り名鉄岐阜行き特急2200系。右は中線で出番待ちの1800系と2200系。名古屋本線　栄生

言、条件付きで賛成意見を述べた。そして、認可後の改善策では拙意《せつい》の多くが反映されたものの、ＪＲとの並行区間では運賃格差が拡大。途中区間を除き客離れが加速し、この値上げはタイミングが悪かったようでもある。

そうした状況下でもあり、平成11年5月10日改正では、ＪＲとのスピード競争に終止符を打ち、名鉄は地域密着の利便性を強調する「線輸送」に転換。ＪＲと競合しない名古屋本線の国府宮は特急標準停車駅に昇格した。以後、地域密着ダイヤに磨きをかけ、中部国際空港開港に備えた平成17年1月29日改正へと続く。そして、平成20年12月27日改正では、犬山線や常滑線などを含む全特急（含む快速特急）を一部特別車化、名古屋本線の特急（同）の約半分は犬山線の新鵜沼発着に振替え、「点輸送」はＪＲに一任。名鉄は「線輸送」で地域に貢献する姿勢を強調し、両社は共存共栄の時代に入ったようでもある。

都市間高速輸送はＪＲ、名鉄は地域輸送を強化

豊橋～岐阜間は名古屋への通勤圏。ＪＲが都市間を快適なクロスシート車で高速で結ぶ点輸送なら、名鉄は沿線の中小都市や町をこまめに結ぶ線輸送がメインになった。そのため、名鉄は料金不要の一般車はロングシートの比率を高くして混雑緩和を図り、特急・急

行と普通との緩急連絡の改善も進めてきた。

名古屋都市圏は〝世界のトヨタ〟のお膝元で、昔から車王国だ。鉄道のライバルは「車」。営業が仕事のとあるマイカー族は、「金を払うならJRだね……」とコメントした。理由は「速いし、車両もよく、運賃も安い」。マイカー族は速い、安いに魅力を感じるのだろう。

JRと名鉄はそれぞれの舞台で地域サービスに貢献しているが、名鉄はスピードこそ遅いが、きめ細やかなダイヤ設定、使いやすい割引切符がセールスポイントだ。しかし、PR不足なのかその魅力が浸透せず、割引切符でもわずかな追加で新幹線に乗れるJRに旅客のハートは吸い込まれている。でも、豊橋～名古屋間はこれも選択肢の一つだ。

JRとの並行区間（名岐間・名豊間）の現況

昭和の名鉄は〝中京の雄〟として君臨した。国鉄も民営化前から東海道本線の快速に〝私鉄風ロマンスカー〟117系を投入。JR東海の発足後は、ダイヤ・車両・切符（企画商品の割引切符）とも高水準のサービスで追い打ちをかけてきた。現在、豊橋～岐阜間はJRの新快速が都市間輸送の基幹をこなし、朝夕には停車駅が少ない特別快速も走る。

中でも名古屋～岐阜間は、スピード・運賃ともJRが優位。以下は昼間のデータだが、

ＪＲの「快速」（特別快速・新快速・快速）は途中、尾張一宮のみに停車し最速18分、普通でも最速26分で運賃４７０円（大都市圏特定運賃適用）。名鉄は快速特急・特急とも最速28分でＪＲの普通より遅く、運賃は５７０円。運転本数は毎時、ＪＲが「快速」・普通とも各４往復の合計８往復。名鉄は快速特急・特急・急行を合わせても６往復。数字を見る限り比較にならない。ただし、ＪＲの快速が停車しない稲沢（一部の快速は停車）は、名鉄の国府宮駅が市街中心部にあり、同駅は空港アクセスの「ミュースカイ」、快速特急を含む全種別が停車するので名鉄が優位。また、新木曽川と笠松を快速特急標準停車駅（平日朝の一部上り特急は特別通過）に格上げしたのは、ＪＲ木曽川駅が普通しか停車しないので〝すき間〟を補い、笠松はＪＲの駅がないのを活かした地域サービスでもあろう。

一方、豊橋～名古屋間は現在、スピード・運賃とも名鉄が優位。以下は昼間のデータだが、名鉄は快速特急で最速49分・運賃１１４０円。ＪＲは新快速で同51分（下り）・１３４０円。スピードでも名鉄に軍配が上がるのは、ＪＲが平成22（２０１０）年３月13日のダイヤ改正以降、「快速」のスピードを見直したからだ。

また、名豊間には両社が格安な企画商品（割引切符）を発売している。名鉄の「なごや特割２平日」は１７８０円（設定区間、豊橋～金山～名鉄名古屋）、「名古屋特割２土休日」

（同）は1560円。JRの「名古屋往復きっぷ」・「豊橋往復きっぷ」は平日1900円・土休日1560円（同、豊橋～豊川・二川～名古屋市内）で、平日だと名鉄が少し安い。

さらに名鉄には、料金360円でくつろげる特別車のサービスがある。対するJRは企画商品に片道プラス、平日520円・土休日400円で新幹線に乗れる〝超特急サービス〟が目玉だ。新幹線は「ひかり」だと最速19分、名鉄は名豊間のインターシティでは歯が立たない。割引切符の営業制度は各社で異なるが、JRには厳しい制限があり、名鉄は使いやすさがポイントだ。詳しくはコラムを参照されたい。なお、名鉄の伊奈～神宮前間はルートがJRと異なるため、名鉄は同区間内での企画商品（同）は設定していない。

普通運賃、名鉄は優位のようだが… 対名古屋だとJRに安い区間が多い

豊橋～岐阜間の大人普通運賃は、JRが1980円で名鉄の1500円より480円も高い。しかし、区間別ではJRが国鉄時代から大都市圏特定運賃を導入している名古屋～岐阜間で470円と名鉄の570円より100円、名古屋～尾張一宮間は300円で名鉄の380円より80円安い。名古屋以東では岡崎～名古屋間620円（名鉄は東岡崎発着で680円）、安城～名古屋間480円（名鉄は新安城発着で570円、西尾線・南安城発着で620円）、金山〜名古屋間170円（名鉄190円）などなど、対名古屋との主要区間では名鉄より安い区間が多い。

豊橋〜名古屋間は名鉄の1140円に対し、距離の長いJRが1340円と200円高い。同区間に大都市圏特定運賃の設定はないが、JRは名古屋〜豊橋間に平成17（2005）年1月8日、「どこよりも安く、JR。」のキャッチコピーで前述の企画商品、往復タイプの激安割引切符を設定、名鉄との〝運賃の壁〟に挑戦した。迎え撃った名鉄は、同年2月1日からJRと同じ金額の割引切符を発売。商品名は前述の通りで、設定区間は名鉄名古屋・金山〜豊橋間に限定した。この時、JRはキャッチコピーを「どこよりも速く、便利に、JR」に変更。「どこよりも安い、JR」は〝24日天下〟に終わったのである。

名鉄の通学定期は激安！

通勤・通学に便利な1カ月の定期運賃を比較してみると、豊橋〜名古屋間の通勤はJR3万4730円・名鉄2万6050円。通学の場合はJRだと大学生が1万7640円・高校生は1万5870円、名鉄はどちらも8380円で名鉄が激安！

名古屋〜岐阜間の同は、通勤がJR1万3620円・名鉄1万7120円、通学ではJ

Rが大学生7770円・高校生6990円、名鉄はどちらも6070円と安い。名岐間は通勤定期だとJRが安いが、通学は名鉄の方が安くなってしまう。

この金額を見ると、JRはドル箱区間の名古屋～岐阜間で普通運賃・通勤定期とも名鉄より安い。つまり、割引率の高い通学定期では名鉄と勝負せず、運賃収入の多いお客さんのみを獲得した。まさに〝喧嘩に強い頭脳集団〟の成功例といえよう。

一方、JRの大都市圏特定運賃導入区間では、普通運賃はもちろん通勤定期も名鉄より安い区間が多い。また、刈谷、安城、蒲郡など名古屋本線から枝分かれした支線だと、速さ・運賃ともJRの勝ち。岡崎はJRの駅が市街中心部から離れた南部にあるため、名鉄は普通運賃・通勤定期こそJRより高いが利便性で優位。だが、近年は複合型店舗が市内南部にも増えて新市街を構成し、名古屋本線より南に居住する人達はJRにシフトした。

令和時代の名豊間、どこよりも安いのは名鉄！

今、豊橋～名古屋間の運賃は、普通運賃、通勤定期、通学定期とも名鉄はJRより安い。さらに割引切符でも消費税の税率アップに伴う改定で、名豊間往復タイプの土休日用は両社とも同額の1560円だが、平日用は名鉄1780円・JR1900円と名鉄の方が

120円安くなった。回数券タイプもあって、名鉄の「なごや特割30」は30枚セットで2万6700円と1枚あたり890円（普通運賃1140円で250円お得）の勘定、JRの「名古屋⇕豊橋カルテットきっぷ」は4枚セット3560円で1枚あたり890円（同1340円で450円お得）。いずれも片道1回分は両社とも同額である。

こうしてみると、企画商品では両社に大差はないが、総合的には名鉄が安い。今、「どこよりも安いのは名鉄」だが、JRは企画商品に新幹線では最上級の割引率を誇る「新幹線変更券」の制度がある。この味を覚えた人は新幹線から離れられず、テレワークの浸透などで週1～2日出社する人は〝JR派〟が多くなってきた。名鉄も特別車の割引オプション券を企画するなど、新たなる施策で企画商品の付加価値を高めたらいかがだろうか。

名鉄はJRを補完し、きめ細やかな地域サービスで社会に貢献

国鉄民営化後、名鉄の稼ぎ頭だった名古屋本線は苦戦が続いた。売上のへこみは空港アクセスを担う常滑・空港線、競合路線がないので運賃が割高な犬山線などでカバーしている。しかし、コロナ禍による空港輸送の打撃は想定外だった。

令和3（2021）年には〝減量ダイヤ改正〟を2回も実施。車社会の中、生活にさして支障がない昼間と夜間の列車を削減。終電の繰り上げも主要路線で実施したが、名古屋本線だけはわずかながら繰り下がった。だが、名鉄名古屋発の豊橋への終電はJRより約1時間も早い。

今、名鉄は地域密着企業として、厳しい時代も企業努力に懸命だ。名鉄の通学定期は全路線とも格安で、かつ大学生・高校生とも同額。ほぼ4往復すれば元がとれる勘定で、豊橋～名鉄名古屋間ならその恩恵は大きく、家計を助けていることはとてもありがたい。

JRが客貨ともに日本を支える鉄道なら、名鉄は地域に貢献するコミュニティー産業だ。令和時代、名鉄はJRを補完し、きめ細やかな地域サービスで社会に貢献。不動産事業では駅を拠点に、地域に賑わいを創出する施策が注目されてきた。頑張れ名鉄電車……。

JRとの共同使用駅の豊橋駅。コンコースには両社の切符売場が並び、割引切符の値段とセールスポイントをアピールしている

名古屋〜豊橋、〝激安割引切符〟の推移

●〝名豊決戦〟の火蓋《ひぶた》を切ったのは「どこよりも安く、ＪＲ。」

ＪＲ東海が平成17（２００５）年1月8日から名古屋〜豊橋間の往復を前提に発売した割引切符のキャッチコピーは「どこよりも安く、ＪＲ。」。当時、同区間の普通運賃は片道１２８０円・往復２５６０円（金額は大人、以下同）だったが、平日は往復１８００円・土休日は同１５００円と激安。商品名は名古屋発着（尾頭橋、金山発着を含む）が「豊橋往復きっぷ」、豊橋発着が「名古屋往復きっぷ」とした。

定期外利用者を対象にした商品で、平日用は約30％、土休日用は約41％も割引し、さらに片道５００円をプラスすれば新幹線の普通自由席にも乗れる特典を付けた。同区間の自由席特急料金は特定料金で９５０円だったが、これもさらに約47％も割引したのである。ただし、尾頭橋・金山発着の場合は当初、在来線しか利用できなかった。また、往復新幹線を利用する人のために、名古屋〜豊橋間限定の「新幹線豊橋往復きっぷ」・「新幹線名古屋往復きっぷ」も設定した。

同商品はＪＲグループでも割引率がトップクラス、かつ新幹線も使えるのが魅力。だが、営業制度では各種制限が付き、有効期間は往復タイプなのに発売当日限り有効、前売りもしない。乗り越した時も企画商品なのに飛び出し区間の別途収受を認めず、発駅〜着駅間の普通運賃・料金を収受し、割引切符の片道分は無手数料で払い戻す。新幹線利用タイプはより厳しい制限がある。なお、同制度は現在も適用中だ。

●名鉄は利便性を工夫し「なごや特割2…」を発売

名鉄も平成17（２００５）年2月1日からＪＲと同じ金額で、名鉄名古屋・金山〜豊橋間に「なごや特割2

平日」1800円、「なごや特割2土休日」を1500円で発売した。名鉄は営業制度を軟化し、有効期間や乗り越しなどに利便性をプラス、乗り越した時は通常の企画商品と同じ別途精算にしたのがポイントだ。

有効期間は購入した月の月末まで、つまり月末に買うと発売当日限り有効だが、平日用を月初に買えば最大31日間も有効。さらに名鉄は両方向に使える片道切符を2枚セットしたため、片道2人分としても利用できる。また、券面区間から乗り越した場合は、飛び出し区間の別途運賃のみを収受する。

●JRは「どこよりも、便利に！　使いやすく！」に戦術を変更

JRは平成17（2005）年10月1日から「豊橋往復きっぷ」・「名古屋往復きっぷ」などの内容を変更した。設定区間は名豊間用だと、名古屋市内の各駅（東海道本線は名古屋～大高間、関西本線は春田以北、中央本線は新守山以南）と豊橋ゾーン各駅（東海道本線は豊橋・二川、飯田線は豊橋～豊川間の各駅）間に拡大。

利用区間は拡大したが発売金額は据え置き、新幹線用は名古屋～豊橋間で往復とも「ひかり」・「こだま」の普

豊橋駅では名鉄がJRの施設を間借りしているが、名鉄が発着する3番線ホームのすぐ前に掲出されたJRの割引切符「どこよりも安く、JR。」のPR看板。平成17年1月20日

通車自由席が、在来線用でも片道500円の追加で利用できる。新幹線変更券は同きっぷと同時購入または同きっぷを提示した場合に限り発売されるが、名古屋駅と豊橋駅の新幹線乗換改札口前の券売機でも買えるようにした。そして、キャッチコピーは「どこよりも、便利に！使いやすく！」に変更。だが、乗り越し時の扱いは従来通りで厳しい。

●名鉄は有効期間を延長

名鉄は平成18（2006）年2月1日から「なごや特割2…」の有効期間を平日用、土休日用とも発売月の翌月1日までに延長した。設定当初は発売月の月末まで有効のため、月末に買うとJRと同様、発売当日限り有効だった。

しかし、この延長で平日用は最短でも2日間有効となり利便性がアップした。

ただし、土休日用は翌月1日が平日運行の場合だと利用できず、差額追加の変更も認めていない。

金山駅のJR上りホームから目立つ位置に掲出された名鉄の割引切符のPR看板。令和3年12月27日

●令和時代、名豊間は「割引切符」を使い分けるのがコツ

名豊間の割引切符はその後、消費税の税率アップで発売金額が改定された。前述の通り、土休日用は名鉄・JR（在来線用）とも同額の1560円だが、平日用は名鉄1780円・JR1900円（同）だ。

JRは片道あたり平日520円・土休日400円の追加で新幹線が利用できる。しかし、営業制度は踏襲しており、乗り越すと割引切符の魅力がなくなる。だが、在来線用は目的の駅がゾーン外なら、あらかじめ割引切符購入時に飛び出し（乗り越し）区間の普通乗車券を買っておけば、割引切符は活きる。名鉄は平日用ならJRの在来線用より安く、乗り越しを含め一般的な営業制度で多様な組み合わせができる。

●割引切符と食事などがセットされた激安企画商品もある

名鉄は、名鉄百貨店本店（名古屋駅前）または一宮店での食事券と名鉄電車1DAYフリーきっぷ、特別車両券（ミューチケット）の割引券（360円を250円に）1枚、指定店舗でのお買い物優待券をセットした企画商品「名鉄百貨店グルメきっぷ」を期間限定で発売。通用は当日限りで大人3400円・小児1900円。名鉄主要駅などで発売し名鉄電車全線全駅発着が可能。豊橋鉄道発着も同社主要駅と市内線営業所で発売し、渥美線各駅～新豊橋間または豊橋市内線各電停～駅前間の1往復乗車券が付き、大人3700円・小児2050円。食事は予約不要で、指定店舗だと17時以降なら晩酌メニューもあり魅力的だ。

JRは豊橋地区で、企画商品「新幹線名古屋往復 タワーズパック」を期間限定で発売。豊橋ゾーン（豊橋～豊川・二川）～名古屋市内間の往復には、豊橋～名古屋間で新幹線の自由席が利用でき、JRセントラルタワーズかJRゲートタワーで使用できる1000円の食事・商品券をセットし3000円。JRの名豊間片道は1000円の勘定で、新幹線利用だととてもお得な〝トクトクきっぷ〟でもあろう。

〈第2部〉名鉄 近年の廃止路線、代替公共交通機関の運行状況

運賃改定後もJRとの〝ライバル決戦〟は続き、社の台所事情は厳しさを増した。そうした中で、赤字路線の整理にも真剣に取り組み、名鉄の鉄道地図は縮小されていった。トップを切ったのは平成11（1999）年4月1日に廃止された岐阜県内の美濃町線の末端区間、新関（新関駅の東方0・3km）〜美濃間6km。代替輸送は長良川鉄道が行うため、同社の関駅へ乗り入れる新線120・53mが開通。この異例措置は全国的にも話題となった。

そして、2年半後の平成13年10月1日には同じ岐阜県内のローカル線4線区も廃止。内訳は本線系1500V線区の竹鼻線 江吉良〜大須間6・7km、「岐阜地区600V線」の揖斐線 黒野〜本揖斐間5・6km、谷汲線全線（黒野〜谷汲）11・2km、八百津線全線（明智〜八百津間）7・3kmの合計30・8kmである。

その後、平成16年4月1日には三河線の山線・海線の両末端区間、内燃化されていた猿投〜西中金間8・6kmと碧南〜吉良吉田間16・4kmの合計25kmも廃止した。

とどめは平成17年4月1日の「岐阜地区600V線」の全廃だった。この時、廃止されたのは岐阜市内線の残存区間（岐阜駅前〜忠節）3・7km、揖斐線の同（忠節〜黒野）12・7km、美濃町線の同（徹明町〜関）18・8km、田神線全線（田神〜競輪場前）1・4

km。これらの各線には昭和末期から平成初期に最新鋭の新車も投入。岐阜市内線と揖斐線は直通急行（岐阜駅前〜黒野）を運転し新岐阜駅前（名鉄岐阜駅隣接の電停名）へ、美濃町線は複電圧車両により田神線経由で1500Vの各務原線に乗り入れ名鉄岐阜まで直通するなど、前向きの営業施策を展開し、それなりに利用客はあった。しかし、社の方針は変わらず一刻も早く、累積赤字が続く路線はバッサリ切り、スリムになることを選択したのである。

平成の大改革と赤字解消の代償で消えた「岐阜地区600V線」など、地域の足は確保されているのか。代替バスなどの運行状況を、近年廃止された各路線の現況を覗いてみた。

●平成11年4月1日廃止
美濃町線（新関〜美濃間）

長良川鉄道や岐阜バスの岐阜美濃線で代替、長良川鉄道はほぼ毎時1本はあり、岐阜バスも加えるとそれなりに本数はある。また、高速名古屋関美濃線も走り、名古屋へも乗換なしでアクセスできるのも魅力だ。

●平成13年10月1日廃止

揖斐線（黒野〜本揖斐）

旧黒野駅跡近くの大野バスセンター発着、揖斐川町ふれあいバス揖斐大野線が利用できる。朝夕は毎時1〜2本あるが昼間は少ない。

谷汲線（黒野〜谷汲）

名阪近鉄バス谷汲黒野線で代替していたが、平成17年10月1日に廃止。現在、鉄道時代の路線に並行する公共交通機関はなし。ちなみに、旧名鉄揖斐線沿線から揖斐川町谷汲地区へ移動する場合、鉄道利用なら岐阜バスのモレラ岐阜のバス停から樽見鉄道のモレラ岐阜駅乗換え、同鉄道の樽見行きで谷汲口駅で下車する。

八百津線（明智〜八百津）

八百津町・可児市・御嵩町が運行助成し、東濃鉄道に運行を委託するコミュニティバス「ＹＡＯバス」を

旧八百津駅構内には建売住宅が建ったが、構内明智方南端の踏切脇には、線路の一部と「八百津駅跡」の碑が設置された。令和3年8月30日（2枚とも）

八百津線代替バスの「ＹＡＯバス」。広見線の明智駅と八百津町中心部を結ぶ。明智駅

運行。昼間は毎時1本で、朝夕は増便。旧八百津駅跡の塩口を経由し木曽川を渡り、八百津市街の八百津ファミリーセンター前まで直通する。

竹鼻線（江吉良〜大須）

羽島市コミュニティバス南部線で運行。羽島市役所前発着で江吉良駅には寄らない。本数は毎時1本程度、平日の朝夕は増便される。

竹鼻線の代替バスは羽島市コミュニティバス南部線。運行は岐阜羽島バス・タクシーに委託。大須　令和3年12月29日

●平成16年4月1日廃止

三河線（猿投〜西中金）

豊田市のコミュニティバス「とよたおいでんバス」さなげ・足助線で代替。運行は豊栄交通に委託。朝夕は多く、昼間も毎時1本はある。

三河線（碧南〜吉良吉田）

名鉄バスが「ふれんどバス」の愛称で運行。朝夕は多く、昼間も毎時1本はある。

●平成17年4月1日廃止

岐阜市内線（岐阜駅前～忠節）

岐阜バスが運行。各路線・各系統を合わせ頻繁に運転している。

美濃町線（徹明町～新関）

岐阜バスが運行。岐阜美濃線、岐阜関線のほか、日野橋までなら大洞団地線も走る。

田神線（田神～競輪場前）

岐阜バスが運行。快速イオンモール各務原線、岐阜各務原線（月～金曜のみ運行・1日3本）が利用できる。わずか1・4㎞の区間だけに、名鉄各務原線田神駅からは徒歩圏内。

揖斐線（忠節～黒野）

岐阜バスが運行。黒野は大野バスセンター発着。真正大縄場線、大野忠節線・モレラ忠節線が利用できる。北方町の旧美濃北方駅周辺までは本数が多い。モレラとは北方町の大型ショッピングセンターのこと。

●平成20年12月28日廃止

モノレール線（犬山遊園～動物園）

岐阜バスが運行。リトルワールド・モンキーパーク線で代替。名鉄犬山線、犬山駅東口発着。毎時2本は運行。旧成田山駅は立ち寄らない。

〈第3部〉名鉄名古屋駅の改良構想と名駅再開発事業などの動向

ＪＲ名古屋駅前の名鉄百貨店本館の地下にある名鉄名古屋駅は、巨大な通過型ターミナル。でも手狭な地下駅で、朝夕のラッシュ時は乗車ホームが〝迷路〟のようにもなる。地元では同駅を、名駅ならぬ〝迷駅〟とも呼称するが、リニア中央新幹線の名古屋開業に向け、名鉄では同駅の改良と名駅周辺の再開発事業を計画した。だが、その実現は……。

名鉄名古屋駅は大規模な〝停留場〟

名鉄の中枢、名古屋本線の名鉄名古屋駅は昭和16（1941）年8月12日、新名古屋駅として開業した。当時は2面3線で、近鉄名古屋線の前身である関西急行鉄道との連絡線もあった。戦後、利用客の急増で、現在の3面2線の通過型ターミナルに改良されたのは昭和29年11月25日のこと。乗降ホームの分離で中ホームは降車専用（現在は特別車の乗降も兼用）、両側のホームは乗車専用とした。

同駅の歴史や構内変遷の詳細は拙著『名古屋駅物語』（交通新聞社新書94）などをご参照いただきたいが、新岐阜（現＝名鉄岐阜）方に残っていた上下線を結ぶ亘り線は昭和40年3月3日に撤去され、大規模な〝停留場〟と化している。そのため、同駅が起終点の列車もあるが折返し運転ができず、現存する同下り列車は、隣の栄生駅や西枇杷島駅構内の犬山線〝下《しも》砂《す》入《いり》信号場〟の側線へ回送している。

ホーム有効長は名鉄最長　でもなぜ手狭なのか

上下線とも各方面の列車が同一ホームに発着。昭和50年9月1日にはホームの延伸拡幅が成り、地下駅なのにホーム有効長は名鉄最長、19m車換算だと10両分を確保し一般車乗車側は189m。降車兼特別車乗降用の中ホームは194mもある。この〝長さ〟を活かし、混雑緩和のため各方面別に列車の停車位置を分けているが、一般車乗車ホームの一部は幅が狭くてラッシュ時は〝渋滞〟が激しく、並び位置を間違えたら乗り遅れることもある。常連客はともかく、遠来の人など慣れていないと大変だ。そのため、列車発着の案内放送は臨機応変の措置が必要

名駅の元祖ターミナルデパート、名鉄百貨店本館。地下には名鉄名古屋駅を併設。左隣の近鉄パッセも含め横長の一棟ビルでつなぐ構想も浮上した

で、昔も今も駅員の肉声となっており、自動放送の導入は難しそうだ。

一方、名鉄では令和時代の今も、旅客列車を使用した新聞発送業務を夕刊発刊日に限り実施している。名鉄名古屋駅の中ホーム豊橋方にはその収納式仕分け設備があり、午後は各方面の指定列車の一般車に手作業で積み込みを行う。そのため手押しの台車がホーム上を行き交い、大手私鉄のターミナルとは想像もつかないような光景を目にする。

このような客貨両輸送を手狭な地下で行う駅は珍しく、同駅が〝迷駅〟と呼ばれる要因のようだ。そこで名鉄は、リニア関連の名駅再開発事業の一環として、悲願の名鉄名古屋駅の2面4線化？　を盛り込んだ改良計画を策定。だが、同事業はコロナ禍による交通事業の打撃で令和4（2022）年度の着工が先送りされ、令和6年度をめどに実施の方向性を判断するという。名駅の新しい街づくりには重要な事業だけに、今後の動向を見守りたい。

名鉄名古屋駅は手狭な地下駅で大規模な“停留場”。中ホームでは新聞輸送の仕分けも行う客貨混合の異色な通過型ターミナルだ

〝リニア改装〟が進む名駅界隈の商業施設

名鉄関連の名駅再開発事業はまだ構想段階だが、リニア中央新幹線の名古屋開業に向け、名駅界隈では商業ビルの建て替えや改装が進んでいる。

名鉄名古屋駅と直結する名古屋のターミナルデパートの老舗・名鉄百貨店は、開発事業が決定しないため、当面は昭和29（1954）～32年に建てられた現状のビルで営業を継続するため、老朽化が目立つ本館を令和3（2021）年12月までに改装した。メンズ館地下1階の食品売場には同年11月18日、東京に本社がある高級食品スーパー「紀ノ国屋」（JR東日本のグループ会社）が出店。中部地区初出店で、立地の良さと百貨店の顧客に加え若年層の来店にも期待をかけている。

そして、翌12月1日には、本館8階に「TSUTAYA BOOKSTORE 名鉄名古屋」が出店した。目玉は国内11店舗目という「SHARE LOUNGE」（シェアラウンジ）の併設。シェアオフィスの利便性とラウンジの居住性の良さを兼ね備えた新しい空間で、こちらは東海地区初出店だ。いずれも百貨店に付加価値をつけるテナントだが、家賃による固定収入と、人気ブランドの誘致による集客効果で一石二鳥の効果を期待する。

一方、近隣のジェイアール名古屋タカシマヤは令和3年3月末に地下食品フロアの改装が成り、時計売場は同年7月に向かい側の大名古屋ビルヂングへ移転した。また、同年10月27日には名駅の北東約1㎞の「ノリタケの森」（産業観光施設・公園・飲食店が集結）隣接地に、名古屋初のオフィス複合型商業施設「イオンモールＮａｇｏｙａＮｏｒｉｔａｋｅＧａｒｄｅｎ」がオープン。約150の専門店が集結する大型ショッピングセンターで、イオンのスーパーマーケットもある。名駅からは徒歩圏内に位置し、地域住民はもちろん遠来の客も多く、名駅の新名所として人気上昇中だ。

こうして見ると、名鉄百貨店の改装はライバルの動向を意識した感もする。隣の近鉄パッセ（近鉄百貨店名古屋店）は、同年10月5日に地下食料品フロアを全面改装し、高品質な食料品主体のスーパー、横浜市が本社の「成城石井」（ローソン傘下）が出店した。同社は東海地方だとＪＲ名古屋駅や豊橋駅の構内、名古屋市内にも複数の既設店がある。

近年は全国各地に大駐車場完備の複合型ショッピングモールが続々出店。百貨店とスーパーマーケットが同居したような店舗は地域活性化のシンボルで、品揃えも百貨店と何ら遜色はない。都心の百貨店にはそれ以上の求心力が必要で、名鉄百貨店が人気の有名店を誘致したのもその一環だろう。

一方、近年は駅前の一等地というだけでの集客は厳しくなってきた。タカシマヤやイオンは立体型の大規模な駐車場を併設しているが、名鉄バスターミナルビル6階にある名鉄スカイパーキングは平面型で狭い。昭和のターミナルデパートは鉄道との直結で集客できたが、令和時代はクルマとの連携も重要課題の一つだろう。

名鉄系ホテルの明暗

名鉄ホテルホールディングスは、名鉄グランドホテルが運営するJR名古屋駅太閤通口正面の「名鉄ニューグランドホテル」の営業を令和４（２０２２）年２月末限りで終了。コロナ禍による客室稼働率の低下も要因のようで、ビルの賃貸契約を更新せずに閉館した。ちなみに、名駅界隈では他社も含めホテルの世代交代が急速に進む。名鉄系でも駅西に、名鉄インで最大規模の客室数を誇る「名鉄イン名古屋駅新幹線口」が平成28（２０１６）年に開館している。

一方、名鉄名古屋駅から特急で約30分、犬山市の

JR名古屋駅太閤通口正面にあった名鉄ニューグランドホテル。令和4年2月末をもって閉館した

犬山遊園駅近くの木曽川河畔では、犬山城を望む名門、犬山ホテルの建て替えが成り令和4年3月1日、「ホテル インディゴ犬山 有楽苑《うらくえん》」として新規開館した。敷地内には茶人かつ武将でも名高い織田有楽齊ゆかりの茶室、国宝「如庵《じょあん》」もある。運営は英インターコンチネンタルホテルズ・グループ（ＩＨＧ）の日本法人に委託されたが、ＩＨＧでは中部圏初のインディゴブランドだ。同ホテルの開業で、観光文化都市＝犬山の活性化が期待されている。

令和の〝名鉄城〟の築城はなるのか…

名駅の再開発事業は当初、名鉄名古屋駅階上の名鉄百貨店本館、隣接の名鉄バスターミナルビル（名鉄百貨店メンズ館）、近鉄名古屋駅の地上駅舎を兼ねた近鉄パッセ（近鉄グループホールディング所有）、それに続く大手町建物名古屋駅前ビル（三井不動産所有）。さらには太閤通を跨ぐ格好で、笹島交差点の南西角から続くメイテツレジャックビルと日本生

木曽川河畔、犬山城を望む緑の中に誕生した「ホテル インディゴ犬山 有楽苑」

命笹島ビルまで、南北約４００ｍに建つ６つのビルを解体。南北約２万８０００㎡の土地に、一体的な一棟の〝細長いビル〟を建てる構想だった。高さは１６０〜１８０ｍで30階程度、長さ約４００ｍもの超横長高層ビルはズバリ〝令和の名鉄城〟かも。

これが実現したら名駅通に〝笹島の壁〟ができる。名鉄の高崎社長は不動産事業のエキスパートとかで、形状や景観を配慮し「街に壁」ではないような工夫をすると示唆した。

一方、交通量の多い〝太閤通越え〟は、南側のビルの建て替え後に、その上空を〝空中歩道〟で結ぶ格好での構想が浮上……。しかし、完成の暁には街並みが東西に分断されそうで、西側では想定もつかない弊害も予想されよう。名鉄が改めて再開発事業を進めるなら、地域の人たちの声も聞き、誰もが納得できる街づくりを推進してもらいたい。ちなみに、筆者は名駅界隈で生まれ育ち、故郷の正常な発展を温かく見守りたいと思う。

名駅通と広小路通〜太閤通が交差する笹島交差点の西側には“空中通路”の設置構想が浮上。ここは初代国鉄名古屋駅があった付近で往時のSLのレプリカを展示

徳さんのここが気になる

●高級スーパーで見つけた定番アイテムの珍現象

筆者は名駅の徒歩圏内に居住し、「デパ地下」は昔も今も閉店間際の〝赤札族〟だ。でも、注目の高級スーパーでは、粋なパッケージで銘品風の加工食品が目にとまり、すぐさま購入した。

わくわく気分で食べてみると、一般流通ルート（スーパーやコンビニ）で販売されている商品と同じような食感……。食品表示を見ると製造者と販売者が記載され、製造者は一般流通ルートと同じメーカーでNB（ナショナルブランド）商品と酷似し、販売者は銘品商品を扱う卸問屋の名前だった。包装資材を豪華にすれば高級感を醸し出すが、販売価格は高くなってしまうのが一般論で、中味がNB並みなら消費者はがっかりするかも……。

ちなみに、平成25（2013）年6月28日に公布の「食品表示法」は、食品衛生法、JAS法、健康増進法の3つの法律の食品表示に係わる規定を一元化したものである。そこで、事業者および消費者とも分かりやすい表示を目指した具体的な表示ルールの「食品表示基準」が策定され、食品表示法は平成27年4月1日から施行された。そして、食品関連事業者が販売者であり、製造者が異なる場合は前述のような両者表記が必要となった。翌28年からは新基準の製造所固有記号の運用が始まり、原則として、同一製品を2つ以上の製造所で製造している場合、販売者だけでも、製造所固有記号で代えられるように軟化された。だが、販売者は連絡先を明記し、製造者等の情報提供の問い合わせには応答義務が必要で、消費者は製造元が探しやすくなったのである。

パッケージは〝衣裳〟で食べるまでの役目。中身が汎用品並みなら、百貨店まで出向くことはない。消費者は高級スーパーの場合、商品のグレードを期待する。名駅の同店もそれなりの商品は揃えていたが、担当のバイヤーさんには、店舗ブランドに似合った中身の濃い「こだわり商品」の厳選をお願いしたい。

第三章　パノラマカーで成功し、失敗?した教訓

昭和の名鉄のシンボル、パノラマカーは2扉・転換クロスシート装備のロマンスカー。当初は特別料金不要で大車輪のサービスを提供し、ラッシュ輸送にも大活躍した。しかし、その営業施策が思わぬ現象を招いたのである。昭和の名鉄は「パノラマカーで成功し、パノラマカーで失敗？」した感もあり、令和の施策ではその教訓が活かされている。

〈第1部〉パノラマカーより、東京から買った中古車が好評を博した？

昭和40年代、名鉄の営業施策は「クルマ王国への挑戦」。各線に特急を大増発し、主要駅間を高速で飛ばしていた。この特急中心ダイヤは、鉄道の特性を活かしたマイカー対策だったが、石油ショックにより電車利用客が急増、輸送力の不足は深刻な事態に陥った。

●乗客はもちろん〝スジ屋さん〟も悩ませた2扉クロスシート車

昭和40年代の名鉄は「全電車のパノラマカー化」が〝夢〟だったようで、前面パノラマ構造で2階運転台の7000系、7500系の増備を進めていた。三河線などのタブレット閉塞区間には、7000系中間車に運転台を付けた格好の平屋車体に、廃車の旧型車から足回りを流用した7300系を投入。のち、同じポリシーだが新性能で純新車の

7700系も登場した。600Vで独立路線の瀬戸線には、本線系から移籍した旧型車を改装しクロスシート化。車体の色をグリーンから「名鉄スカーレット」に塗り替え、前面にはパノラマカーと同じ逆さ富士型の種別・方向版を掲出した〝赤電《あかでん》古豪《こごう》〟も出現！　いずれも2扉車で転換クロスシートを装備し、ミュージックホーンも奏でながら各線の特急に活躍した。

しかし、昭和40年代末期、石油ショックが日本を襲う。クルマ王国の名古屋もオイルショックによりマイカー族が鉄道にシフト、パノラマカーは4両編成タイプを2本連結した〝重連〟8連運用も登場したが、2扉クロスシート車ではラッシュ輸送に支障をきたした。犬山線は最大8両編成でもピーク時には積み残しが続出。主要駅では本社勤務の管理職も動員した〝押し屋さん〟が奮闘し、輸送力列車には戦時設計の3扉ロングシート車の残党、3550系（旧性能AL車）を集中投入して急場をしのいだ。会社や学校へ急ぐお客さんにとって

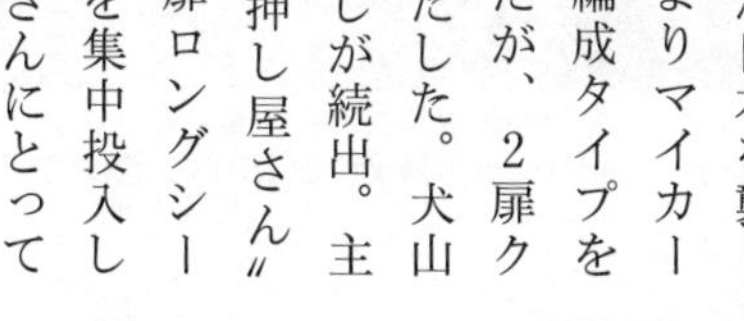

パノラマカー7000系4両編成タイプは昭和48年から連結化改造を施し4＋4の8連運用も登場。同運用は平成20年まで続いた。名古屋本線 山王〜金山間　平成19年5月19日

は、乗りたくても乗れないパノラマカーより、乗せてもらえるシンプルな電車を歓迎。列車ダイヤをつくる〝スジ屋さん〟も、その増備を切望した。

パノラマカーなどの2扉クロスシート車は乗るのに大変で積み残しも出た。犬山線 西春　昭和48年2月5日

犬山線の輸送力列車には戦時設計の3扉ロングシート車3550系も活躍した。吊りかけモーターをうならせて走る同系の鵜沼特急。下小田井〜中小田井間　昭和47年11月6日

●東京からラッシュ輸送のピンチヒッターがやって来た

昭和50（1975）年春、輸送のピンチヒッターとして東京急行電鉄（東急）で余剰ぎみだった3扉ロングシートのデハ3700系を購入。同系は1編成3両、名鉄でのナンバー

は3880系を襲名《しゅうめい》し、第1次車は3両×4本12両が同年6月から戦列に就いた。

〃東京の電車〃の3880系は、中古車ながらも名鉄の特殊事情を解決する救世主となったが、当時のメディアはパノラマカーとは対照的なロングシートの中古車の導入には批判的だった。しかし、背に腹は代えられず、窓が開《あ》き扇風機も装備した輸送力車両は、〃乗れる電車〃として大好評を博した。ラッシュ輸送に2扉クロスシート車は不向き。3880系はそれを教えてくれたのである（詳しくはコラムを参照）。

これらの教訓を活かし、昭和51年12月には名鉄初の高性能3扉の通勤冷房車6000系が登場。冷房攪拌《かくはん》用には扇風機に代わってラインデリアを装備。車体はパノラマカーの流れを汲む連続窓、座席は小型で、一方向固定式の欧風型クロスシートを採用した。しかし、2人掛けだが幅は狭く、肘掛もない通称〃1・5人掛けシート〃は、ラッシュ時はともかく、昼間は不評となる。そこで、

輸送のピンチヒッターとして東急から購入した3880系。窓が開き扇風機も装備。「涼しい電車」として好評を博した。名古屋本線 西枇杷島～二ツ杁間　昭和52年10月30日

のちに登場した6500系からは座席の幅を広めて肘掛も付けたが、そのベースとなった6000系は、のちに全車ロングシート化されてしまった。

昭和55年には3880系も増備され、東急に残っていた3700系8両と不足する制御車1両の合計9両を購入。第2次車として同年12月から3両×3本が戦列に加わり、6000系を補完し大活躍した。

ちなみに3両編成の3880系はパノラマカーの4両編成より輸送力があり、名鉄はその教訓を活かして、一般車から2扉車を一掃したのである。

「明日の通勤車」として昭和51年に登場した名鉄初の3扉高性能通勤冷房車6000系。特急から普通まで使用できる汎用車だ。河和線　知多半田　昭和52年1月16日

6000系は名鉄のこだわりからパノラマカーの流れを汲んだ固定窓、座席は“1.5人掛け”欧風型クロスシートを採用した。昭和51年12月12日

ラッシュ輸送のピンチヒッター　3880系

晩年を名古屋で過ごした東京生まれの電車が3880系。名鉄が輸送力不足の深刻な事態を乗り越えるため、昭和50（1975）年と55年に東京急行電鉄（東急）から譲り受けた3扉ロングシート車21両がそれである。東急3700系は昭和23年、川崎車輌（現＝川崎車両）製。戦後復興期の資材不足から私鉄の新車は「運輸省規格形電車」なる規格が定められていたが、同じ年に名鉄が新造した名古屋本線特急用の2扉車、3800系とは車体の長さが17ｍ級と同規格で、性能面では自動進段式制御のＡＬ車でもあり、東急からの譲渡話は早くまとまったという。東急時代の最後は旧目蒲線（平成12〈2000〉年、田園調布～多摩川〈旧多摩川園〉間は東横線、同区間を境に目黒方面は目黒線、蒲田方面は東急多摩川線に分割）において、Ｍｃ（運転台付き電動車・デハ3700形）＋Ｍｃ（同）＋Ｔｃ（運転台付き制御車・クハ3750形）の3両編成で活躍していた。

名鉄仕様への改造は最小限に抑えられたが、床下機器（主制御機、ブレーキ）の配置を他のＡＬ車と揃えるため、パンタグ

3880系は既存のＡＬ車とは異なり岐阜方にＭｃ車を連結。輸送力列車には3＋3の6連で活躍した。
名古屋本線 神宮前　昭和53年7月22日

ラフ付きの電動車を岐阜方に連結（既存のAL車は豊橋方）したのが最大の特色。編成は岐阜方からモ3880形（Mc・旧デハ3700形）＋モ3880形（Mc＝M代用・同）＋ク2880形（Tc・旧クハ3750形）の3両1組で、第1次車は4本12両、第2次車は3両9本。第2次車のク2880形のうち1両は旧デハ3700形の電装解除車（ク2886号車）、もう1両は別形式の車両（旧クハ3670形→ク2887号車）だった。

客室サービスでは扇風機を装備していたことがポイントで、このサービスは名鉄初。パノラマカーなどの高性能車はファンデリア車の5000系と5200系を除き冷房車だったが、旧性能車は一部を除き非冷房で、当時はクロスシート車でも扇風機を付けていなかった。パノラマカーは固定窓でラッシュ時は冷房の効きが落ちるが、窓が開き扇風機がまわる3880系は「涼しい電車」としても好評を博したのである。

ところで、3880系の歯車比は3・44（名鉄入り後）で既存AL車の3・21より大きく、さらに2M1Tの強力編成のため、低速域での加速は良かった。しかし、歯車比の相違から全界磁の定格速度は時速59・5kmで既存AL車の時速64kmより極端に低い。さらに弱め界磁制御がないので中速域以上では高速性能が劣り、当初は優等列車への運用が懸念された。また、既存AL車との連結総括制御もできないため、稀少な3扉車として単独運用が

3880系の車内。3扉ロングシートで名鉄初の扇風機サービスは好評だった。昭和50年6月1日

組まれ、ローカル運用をメインに、当時最大3両編成が限界だった小牧線では輸送力増強に威力を発揮した。

その後、性能面での信頼が得られたため、本線系では昼間、犬山線などで急行運用ができ、ラッシュ時には平日の夕方、2編成連結の6連で輸送力列車に投入され、犬山線下り特急（→高速）に活躍した勇姿は旧型電車ファンを魅了させた。ちなみに、東急目蒲線時代は全線12・9㎞を約25分かけて走る普通列車に活躍していたが、名鉄では優等仕業も担い、吊りかけモーターが悲鳴を上げるような勢いで力走。その極限の健闘は、知る人ぞ知る語り草となっている。東京のとある旧型電車ファンは、それに魅せられ何度も訪名し、果ては名鉄の吊りかけ駆動車の〝とりこ〟になったとか。

昭和51年に登場した高性能通勤車6000系は増備が続き、同56年から3880系の淘汰が始まる。第1次車の3881Fは同年7月27日付で廃車。以後廃車は進み、第2次車も昭和60年3月までに全廃。名鉄での履歴は短命の10年だが責務を全うしての勇退だった。

優等列車では吊りかけモーターをうならせ極限の健闘ぶり。犬山線の昼間の急行に活躍する3881Ｆ。ク2881側から後追い撮影。大山寺～岩倉間　昭和51年3月5日

黄昏の犬山線を力走する3880系6連の下り八百津行き特急。旧型電車ファン注目の列車だった。岩倉～石仏間　昭和51年6月14日

パノラマカーは特別料金不要が目玉だったが、有料座席指定特急の増発、のちの特急有料化でパノラマカーは稼ぎ頭となった。しかし、その増収が思わぬことに……。その後、座席指定料金を廃止して導入された〝名鉄式グリーン車〟、特別車両料金の〝本音〟とは。

●有料特急のルーツは〝名鉄版ホームライナー〟

定期列車での名鉄初の有料特急は、昭和40（1965）年12月30日、朝のラッシュ時の新名古屋（現＝名鉄名古屋）～豊橋間に新設した、座席定員制の「ディーゼル特急」1往復だ。車両は国鉄（↓JR）高山本線に直通する準急「たかやま」用のデラックス気動車、キハ8000系の間合い運用だった。そして、「ディーゼル特急券」の名称で社線内特急料金を適用。運賃は定期券での乗車も認め、この列車こそ現在のJRの「ホー

国鉄高山本線乗り入れ用デラックス気動車キハ8000系の運用間合いで運行した“名鉄版ホームライナー”のディーゼル特急。金山橋　昭和44年6月22日

ムライナー」などに波及した着席保障の通勤特急のパイオニアでもあろう。

同列車は好評を博し、翌41年3月25日改正で夕方にも1往復新設。その後、夕方の運用は座席指定特急として津島、のち新鵜沼への片道運行に変更、豊橋系統は電車化された。

●特急中心ダイヤと座席指定特急

クルマ王国での鉄道活性化策として、昭和42（1967）年8月22日改正では急行を廃止し特急を大増発した。だが、準急停車駅（旧急行停車駅）や普通しか停車しない小駅の停車本数削減が社会問題と化し、小駅利用客はクルマへとシフトした。そこで、昭和45年12月25日改正では普通を増発。しかし、名古屋本線や犬山線、河和線などの主要路線には平日の朝、着席サービス充実のために有料の座席指定特急を増発または新設した。これらの特急は新名古屋（現＝名鉄名古屋）着が午前8時ごろで、通勤客にはとても便利な列車だった。

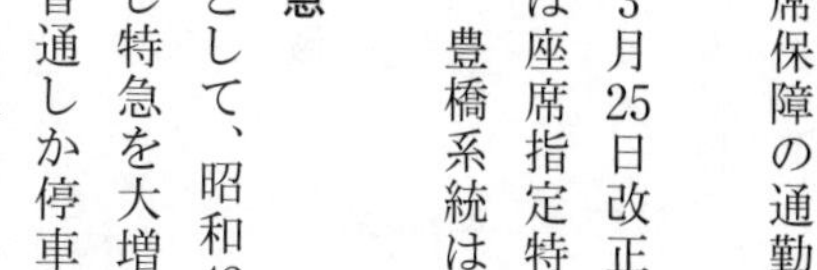

社線内特急料金を適用した「ディーゼル特急券」。特急料金のため小児用は半額だった。昭和44年1月17日

座席指定券は当時、1週間前からの発売だったがすぐに完売となり、急ぐ人は立席承知で乗り込んだ。社は旅客の利便性を重視し見てみぬふりをしていたが、一部の駅では満席告知が徹底できず、それを知らずに車内精算をする人もいた。また、パノラマカーは当時、一般列車と共通運用されており、編成全車に「座席指定」を識別できる標示を掲出せず、一般特急と間違えて乗る人も多かった。しかし、いずれの場合もお情け無用。特別改札を担当する乗客専務が複数で乗務し、立ち客で満員の通路を泳ぐように移動し〝立席料金〟を徴収。朝の座席指定特急は〝金のなる木〟の如く繁盛し、料金増収に貢献した。

●有料特急の増発は社会問題に発展

昭和40年代末期はオイルショックの影響で鉄道利用客が激増した。そこで昭和49（1974）年9月17日改正では、旅客の要望に応え急行が復活。各線・各駅とも停車回数が増えたが、主要路線では定期列車として毎時1往復の座席指定特急を新設した。特別料金不要でスタートしたパノラマカーではあったが、料金が必要な列車が増えた。そして、同改正から順次、座席指定特急の系統板表示が、座席指定から「座席特急」に変更された。

一方、名古屋本線の豊橋は国鉄との共同使用駅で発着枠に制限があるが、同改正では豊橋発、平日朝の下りゴールデンタイムの特急を座席指定の有料列車に格上げした。だが、当時のパノラマカーは外観が一般特急と同じで誤乗客も多かったが、前述の如く立ち客からは〝立席料金〟を徴収した。この施策はその後、革新系の国会議員が国会で発言し、地元メディアも多々とりあげるなど、またも社会問題へと発展したのである。

●昭和52年春　名鉄特急は有料となる

一般特急と同じ車両を使用し原則、号車指定のみの座席料金収受は格好の増収策だった。そこで昭和52（1977）年3月20日改正では、特急商品の品質向上と誤乗客対策のため、列車種別の見直しを実施した。有料の座席指定特急は特急、料金不要の一般特急は高速に種別名称を変更、ほかに急行、準急、普通も設定した。同改正では特急を有料の高級列車に位置づけたが、前身会社から継承した料金不要の特急営業政策は一変してしまったのである。

昭和49年9月改正以降、座席指定特急の系統板表示が「座席特急」となり、列車種別もそれを呼称するようになる。座席特急「犬山うかい号」　新名古屋　昭和51年8月4日

特急の有料化で社は特急料金の導入を考えていたようだが、当時は特急専用車を使用して国鉄高山本線に乗り入れている「北アルプス」号に社線内特別急行料金の制度があり、小児は半額。座席指定料金だと大人も小児も同額のため、社線内相互発着列車への特急料金導入は当局が難色を示したとか。そこで苦肉の策として、座席指定券は「特急座席指定券」、略して〝特急券〟、英文化した表示は「ＬＴＤ ＥＸＰ ＴＩＣＫＥＴＳ」とした。

ちなみに、名鉄特急は〝特急券〟が必要だと思われるようになり、旅客はともかく車掌や駅員もが勘違いし、特別改札の車掌は「特急券を拝見します」と告げる人もいた。

特急座席指定券、略して“特急券”と英文化されていた駅の窓口表示　新名古屋　昭和60年1月20日

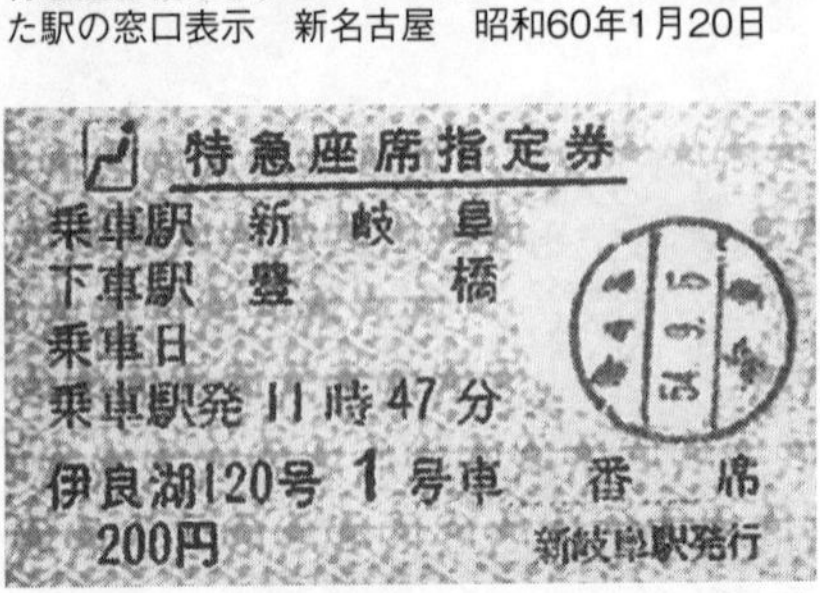

特急有料時代の特急座席指定券、輸送力列車を除き号車指定で席番は空白にしていた。 昭和54年9月5日

●国鉄185系の運用をモデルにした名鉄パノラマ特急

昭和50年代後期、国鉄185系電車は特急「踊り子」（東京～伊豆急下田ほか）と東海道本線東京口の普通列車に共通運用されていた。当時の名鉄はその汎用性を参考に、昼間はパノラマカーを名古屋本線の特急（有料・号車指定）と高速（料金不要）に共通運用することもあった。上り高速で豊橋に着くと、種別・系統板だけを換え、下り特急で折り返していった。この効率的な運用は、豊橋駅の特殊事情をクリアする苦肉の策だったかも。当時は名鉄黄金時代、「白帯車」登場前の特急営業政策は〝横綱相撲〟だった。

●パノラマカーに特急専用車の「白帯車」が登場

昭和57（1982）年春、国鉄は東海道本線の豊橋～大垣間の快速に、関西新快速で好評の117系を投入した。車内設備は特急普通車並みで料金不要。特急を有料化し横綱相撲をとっていた名鉄は動揺を

パノラマカー7000系に特急専用車「白帯車」が登場。名古屋本線の特急に投入し国鉄117系快速に対抗した。豊橋～伊奈間（国鉄飯田線下りとの線路共用区間）　昭和63年3月15日

隠せず、パノラマカー7000系4両編成の一部を内外ともに改装、特急専用車の「白帯車」に整備し、昭和57年3月21日改正から名古屋本線の特急に投入した。翌58年6月10日からは、昼間の特急の特別改札役に女性乗客掛の「パノラマメイツ」を起用。また、同年11月24日からは座席指定券のオンライン化も実現。名鉄特急は車両、座席管理とも有料列車としての面目を一新した。だが、「白帯車」は間合い運用で一般列車にも使用。完全な運用分離はできず、料金不要で乗れる〝乗り得車両〟となった。

●名鉄の〝横綱相撲〟に追い打ちをかけた〝民営国鉄〟

国鉄民営化に向けた国鉄最後のダイヤ改正が昭和61（1986）年11月1日に実施された。名古屋都市圏の東海道本線では昼間、快速は毎時2往復に増発。ローカル列車は大幅に本数が増え、名鉄特急とほぼ同じ土俵を構えた。そして、翌62年4月1日の新会社発足後、意欲満々のJR東海とのライバル決戦は白熱化し、並行区間では乗客の流れが変わった。

ここで一宮～名古屋間の特例を語ろう。朝の通勤ラッシュに走る名鉄名古屋本線の上り特急は通路まで立ち客で超満員。だが、国鉄が昭和61年11月1日改正で、名鉄特急とほぼ同じ時間帯に上り普通が2本を増発すると、名鉄の定期券を持った人までがJRに流れた。

通路も立ち客で混雑する名鉄に〃立席料金〃３００円（当時の座席指定料金）を取られるより、比較的すいている国鉄に普通運賃２７０円（当時の金額）を払った方が安くて楽な勘定か。そして、次の定期券更新時にはＪＲの定期を買う人が増えたという。この現象を見る限り名鉄は背水の陣となる。

●座席指定料金から特別車両料金へ変更

昭和63（１９８８）年7月8日には、先頭車にハイデッカー展望室があるビジネス特急車１０００系「パノラマＳｕｐｅｒ」が登場。名古屋本線の特急に集中投入し、ＪＲ発足後も〃横綱相撲〃は続いた。しかし、平成2（１９９０）年10月29日改正では特急営業政策を変更。名古屋本線の特急には、特急と旧高速をコラボした一部指定席車（現＝一部特別車）を新設し、13年ぶりに特急の料金不要サービスが復活。料金不要車両は、ＪＲ高山本線直通の特急「北アルプス」号の自由席車（社線内特急料金必要）と識別するため、「一般席車」（現＝一般車）と呼称。指定席車１０００系＋一般席車５７００系の非貫通編成などは注目された。

翌3年10月21日改正では、一部指定席特急の「パノラマＳｕｐｅｒ」の一部を異制度貫通編成化し、一般席車には新造の1200系を連結。同特急はのち、同編成に統一した。

平成11年5月10日改正では平屋車体の1600系（のちの1700系）が登場。パノラマカーの「白帯車」は一般車に格下げられ、特急全列車の「パノラマSuper」化が成る。特急の指定席車はリクライニングシートを装備。トイレ、洗面所などJRの特急普通車並みの設備を備えているため、当局へは座席指定料金を廃止し「特別車両料金」で届出、券名は特別車両券に変更し、特別車の愛称を「μ（ミュー）」、特別車両券の愛称を「μ（ミュー）チケット」にした。座席の指定は〝オマケ〟として継続したが、あくまでも〝特別エリアの料金〟と位置づけ、立席での利用も正式に認め、〝立席料金〟の収受を合法化したのが〝本音〟のようでもある。特急＝「パノラマSuper」、特急車両は専用車化され、この識別により誤乗客は減少したとか。

ちなみに「μ」とは、名鉄＝Meitetsuの頭文字、アルファベットの「M」をギリシャ語で愛称化したもの。特別車両券の英語表記は当初「RESERVATION TICKET」だったが、和訳すると指定席券のため、旧国鉄の1等車がグリーン車になった事例を参考に「FIRST CLASS CAR TICKET」に変更した。

平成20年12月27日改正では、犬山線や常滑線などを含むほぼ全特急（快速特急）を一部特別車化、名古屋本線の特急（同）の約半分は犬山線の新鵜沼発着に振替え、現代の特急ネットワークが確立された。そして、全車特別車の「ミュースカイ」を含め、〝名鉄式グリーン車〟は〝くつろぎ商品〟として定番化されたが、その道のりは受難の道だった。

なお、筆者は名鉄運賃改定の公聴会で一般公述人を務めた経緯もあり、社の制度担当者には、JR東日本首都圏エリアの普通列車のグリーン車料金制度を参考に、〝特別エリアの料金〟の導入を提言してきた。ふたを開けてみたらソフトな仕上がりで、「μ（ミュー）チケット」の愛称で親しまれている現状をうれしく思う。

ハイデッカー展望室がある1000系「パノラマSuper」。女性乗客掛「パノラマメイツ」が乗務。名古屋本線 枇杷島分岐点（信）付近　平成2年1月27日

平屋車体の1600系の登場で名鉄特急は全列車を「パノラマSuper」化。座席指定券は特別車両券に変更。津島線　勝幡～青塚間　平成20年5月15日

●一部特別車編成の特急車を使用する急行の謎

車両運用の都合で、一部特別車編成の特急車を使用する急行以下の列車はある。この場合は原則、特別車は一般開放せず締切りの回送車だ。かつて「白帯車」の時代は料金不要で一般開放したこともあったが、特別車を専用車化してからは高級商品として大切に扱っている。そうした中で令和3（2021）年3月15日から平日の朝のみ、ごく一部の急行（新鵜沼発豊川稲荷行き、同発河和行きの2本）で特別車の営業を開始した。

該当列車も従来は特別車を締切り扱いで運用していたが、一般車4両では混雑が激しく、旅客から特別車開放の要望が多かった。だが、前頁で述べた理由などで一般開放はせず、列車を限定し急行でも特別車の営業に踏み切ったのである。

社のリリースによれば駅の行先表示器や時刻表に一部特別車の案内はなく、特別車側面の表示も「締切」としているのは考えものである。また、河和行き急行は普通しか停車しない無人駅の中小田井と下小田井に特別停車する。両駅の掲示板に一部特別車の案内はあるが、自動券売機は旧型で特別車両券が買えない。

いずれも機器の都合のようで〝見切り発車〟の感もするが、急行の特別車は知る人ぞ知る〝謎の車両〟の趣かも……。

急行も限定列車で特別車が利用できる案内掲示。栄生　令和4年1月4日

第四章

令和時代の名鉄電車 各路線の現況

豊橋～岐阜ブロック（名古屋本線）

拙著、交通新聞社新書112（平成29年8月刊）の『名古屋鉄道 今昔』では、名鉄の全線全駅と昭和浪漫（30・40年代の名鉄の風景）をメイン・テーマとした。

本書はその改訂版的要素を踏まえてはいるが、注目の話題にも着目し、新たに書き下ろした新版である。各路線の現況は、前作を参照いただくことを前提に全線を3ブロック（第四章・第五章・第六章）に分け、令和4（2022）年3月1日現在の最新情報に基づき改訂した。そのため、駅名、駅ナンバリング、各種別の標準停車駅や路線略史は割愛させていただき、標準停車駅は10頁に掲載するとともに、路線図（18〜20頁）にも略称で表示した。また、沿線描写はダイジェスト版としたが、最近の動向は誌面が許す限り盛り込んでみた。

各路線では、気になる改善策なども提言したが、それは素人の筆者の私見であり、読者各位のご指摘、ご指導を賜れれば幸甚である。

なお、令和4年2月1日から名古屋市「敬老パス」の対象交通が拡大され、鉄道は名鉄、近鉄、JR東海の名古屋市内運行区間でも利用可能になった。本書ではそれを反映させ、対象駅は「沿線描写ダイジェスト版」のトップに記載した。詳しくは231頁のコラムも参照していただきたい。

名古屋本線　唯一「本線」を名乗る名鉄の背骨、ＪＲ東海道本線とは共存共栄！

区間＝豊橋〜名鉄岐阜　営業キロ＝99・8km、路線略称＝ＮＨ駅数＝60
運賃計算キロ＝Ａ線（営業キロ程×１・０）

路線概要

●拠点・起終点に隘路《あいろ》（ボトルネック）がある異色の基幹路線

名古屋市は愛知県の県都で中部圏のゲートシティ。そのＪＲ名古屋駅前の名鉄百貨店の地下にある名鉄名古屋駅を拠点に、東三河の県下第二の都市である豊橋から、西三河の岡崎や知立へ。名古屋市内を通って西は尾張西部の稲沢と一宮。さらに県境を越え、岐阜県の県都、岐阜までの名古屋都市圏主要都市を結ぶ99・8kmの大動脈が名古屋本線。名鉄全線で唯一「本線」を名乗る同社の背骨で、同本線を軸に主要各線が分かれている。

全区間でＪＲ東海道本線と競合し、一部区間でルートは異なるものの、前身会社の時代からホットな旅客争奪戦を展開してきた。しかし、近年は輸送事情が変化し、〝白旗〟を上げた平成20（２００８）年12月27日のダイヤ改正以降、速達サービスより地域輸送に力を入れ、きめ細やかなダイヤで利便性を強調。優等列車の停車駅も増えた。そして、平成後期からは豊橋～名古屋、名古屋～岐阜間の都市間高速輸送（点輸送）はJRに一歩譲った感があり、名鉄の大黒柱は〝セントレア〟こと中部国際空港へのアクセスを担う常滑・空港線にシフトした。名古屋本線は両線と犬山線との連携で地域輸送（線輸送）を強化し、JRのすき間を狙ったダイヤで、共存共栄するような空気が漂ってきた。そのため「本線」としての機能は活かしているが、60駅のうち出札係員配置駅は半分以下の26（矢作橋は朝のみ駅員がいる特殊勤務駅）。その他の駅は、運転係員がいる駅

神宮前～金山間は名鉄唯一の複々線区間で名鉄名所の一つ。外線を走る名古屋本線上り特急2200系6連と同下り普通6000系4連のすれ違い

も含め出改札は終日無人で駅集中管理システムを導入、徹底した合理化を図っている。

ところで、名鉄の路線網は名鉄名古屋駅を中心に放射状に延びているが、主要路線の列車は大半が名古屋本線に直通し、同駅がターミナルだ。そのため、神宮前～枇杷島分岐点（信）間は、常滑線や犬山線などから直通する列車も頻繁に走り、神宮前～金山間は複々線だが、枇杷島分岐点（信）が平面交差のため、名古屋本線上りと犬山線下りは列車の同時通過ができない。ちなみに、名鉄のダイヤ設定は5秒刻み。名鉄名古屋駅にはピーク時、最大2分間隔で列車が発着するが、同駅は3面2線の通過型ターミナルで、同駅へ乗り入れる列車が1本でも遅れればダイヤが乱れ、ホームは大混雑し〝3密〟になってしまう。そのため金山～枇杷島分岐点（信）間は、拠点付近最大の隘路《あいろ》でもある。

次に東端の豊橋～小坂井（平井信号場）間3・8㎞は、歴史的経緯から線路をJR飯田線と共用、

JR豊橋駅に乗り入れる名鉄の発着ホームは3番線の1本のみ。同ホームは島式でJR飯田線の2番線と共用

名鉄はJR豊橋駅を間借りし、同駅の3番線1本のみに発着し事実上は単線だ。同区間は上り線を名鉄、下り線はJR東海（飯田線）が保有し、その各単線の線路を共用し協定により複線運転を行っている。同区間の名鉄乗り入れ枠は協定により毎時6往復が上限、運行管理はJR東海に委託し、最高速度は飯田線と同じ時速85km、ミュージックホーンも使用厳禁だ。また、飯田線内で障害などが発生した場合の復旧は、原則として同線を優先し、その進行具合では名鉄が伊奈で運転を打ち切ることもある。名鉄にとっては起点付近の隘路《あいろ》だが、JR豊橋駅に発着するための条件だからしかたがない。

一方、西端の名鉄岐阜駅構内では、地平時代のJR廃線跡を乗り越える「名鉄加納陸橋」が単線のままだ。約20mだが上下線を切り替える亘り線の役目を担い、単線区間は上り列車が優先。そのため、下り列車は同駅へ進入する築堤の上り勾配上で一旦停止することが多い。名古屋本線終点間

名鉄名古屋駅は名鉄百貨店の地下にある通過型ターミナル。第二次世界大戦中の開業で、戦時設計のため構内は狭い

近の隘路《あいろ》だが、ここではＪＲのノッポな高架を潜る。その橋脚間に複線化スペースはあるようだが、種々の難題を抱える。なお、境川～名鉄岐阜間は２０２８年度以降に連続立体化計画があり、前述の単線区間の成り行きに注目したい。

ちなみに、「名鉄加納陸橋」は前身の美濃電気軌道時代は複線（大正3年12月26日開通）で、電車はスリムな軌道線車両だった。しかし、第一次世界大戦中の資材不足で茶所《ちゃじょ》～新岐阜（初代）を単線化し、レールは岐阜市内線の複線化に転用された経緯がある。

名古屋本線と犬山線が分岐する枇杷島分岐点信号場。名古屋本線上りと犬山線下りは平面交差し、列車密度が最も高い区間だけに立体交差化が望ましい。車内から撮影

名鉄岐阜駅構内南端のJR高架下に残る約20mの単線区間。名古屋本線西端で最大ネックの名鉄加納陸橋

最新ダイヤでの列車運行状況

●一部特別車の看板列車（快速特急・特急）は毎時4往復

列車番号は豊橋から名鉄岐阜方面に向かう列車が下りで奇数、その逆は上りで偶数。線内最大編成両数は8両。活躍する電車は4扉車を除くほぼ全車種。ホーム有効長は最大8両（名鉄名古屋は特殊事情で10両）だが、普通しか停車しない駅の一部は4両か6両だ。

昼間の豊橋～名鉄岐阜間の基本運行パターンは毎時、快速特急・特急・〝豊橋急行〟（急行）を各2往復設定。〝豊橋急行〟2往復は同区間を直通するが、快速特急と特急は運転系統が①豊橋～名鉄岐阜、②豊橋～新鵜沼（犬山線）、③中部国際空港（空港線）～名鉄岐阜の3タイプある。豊橋発下りは新鵜沼行き快速特急が2本と名鉄岐阜行き特急が2本、名鉄岐阜発上りは豊橋行き快速特急が2本と中部国際空港行き特急が2本、新鵜沼発上りは豊橋行き特急が2本、中部国際空港発は下り（神宮前までは上り）名鉄岐阜行き特急が2本。この結果、豊橋～名鉄岐阜間を直通する系統は2往復だが、②と③は下りだと神宮前、上りは金山で相互連絡しホームタッチで乗り換えができる。

平日朝のラッシュ時は、上記基本運行パターンをベースに種別変更が行われる。豊橋発下りは始発から8時台の後半まで、快速特急か特急のみの設定。一部列車は急行停車駅を補完するための特別停車があり、次の伊奈に停車し同駅始発の急行や普通と連絡をとる列車もある。また、特急は平日朝の上りのみ一部列車が新木曽川か笠松を特別通過する。豊川稲荷始発の快速特急は国府・本宿・美合に、同発特急は本宿・美合に特別停車する。

快速特急と特急は最高時速120㎞で、豊橋方に特別車（座席は指定・特別車両料金必要）2両と岐阜方に一般車（自由席・料金不要）4両を連結した6両編成（固定）が基本。活躍する電車は、特別車にハイデッカー展望室を備えた「パノラマSuper」の残党1000形を連結した1200系併結編成と、空港特急がメインで本線特急も補完する平屋車体の2200系だ。ラッシュ時の輸送力列車は岐阜方に一般車2両を増結した8連になる。1200系は同じグループの1800系、2200系は〝3R〟こと通勤型3扉車の9100系や3150系などを増結。〝豊橋急行〟には原則、時速120㎞運転も可能な〝3R〟こと9500系や3300系などを使用し、昼間は4連か6連、朝夕は8連で走る。このほか特例として、平日・土休日とも深夜に下り1本・上り1本の全車一般車の特急も存在。中部国際空港→名鉄岐阜行き、名鉄名古屋発→東岡崎行きがそれ。

優等列車はこのほか、神宮前～名鉄岐阜間に中部国際空港発着で全車特別車の「ミュースカイ」が平日・土休日とも朝と夕夜間に少しあるが、座席指定の通勤特急的性格だ。

支線直通では、国府～名鉄一宮間に豊川線の豊川稲荷発着の〝豊川急行〟を原則、毎時2往復設定。豊川稲荷発は平日が15～21時台、土休日は6～10・15～21時台に走り、平日は全列車が、土休日だと6～8時台と20・21時台は東岡崎まで準急、同駅から急行に変わり、時間帯によりその他の駅にも特別停車する。なお、平日の朝上り1本走る豊川線直通急行は、一部特別車編成の特急車を使用し、特別車（有料・座席は指定）も営業している。

このほかの支線直通は、新安城～須ケ口間に西尾線と津島線～尾西線を結ぶ〝西尾急行〟が毎時2往復加わる。西尾発は原則、平日・土休日に毎時2本の設定（朝と夜は1本）で、豊明に特別停車し、神宮前以西は準急か普通に変わる。支線直通は〝6R〟こと6000番台車をメインに、最古参の6000系を含め通勤型3扉車のほぼ全車種が活躍。

普通は原則として運転区間を分割。昼間～夜間までは、末端東部の伊奈～東岡崎間で区間運転を毎時2往復。末端西部の須ケ口～名鉄岐阜間は同4往復だが朝と夜は減る。その他の区間は名鉄名古屋駅を通る各路線からの直通列車で構成される。昼間は東岡崎～神宮前間4往復、神宮前～東枇杷島間6往復、東枇杷島～須ケ口間は2往復（一部時間帯4往復）が基本。深夜の須ケ口～名鉄岐阜間は基本2往復になる。なお、豊橋発着の普通はなく隣の伊奈発着、名鉄名古屋発下り名鉄岐阜方面に直通する普通もごくわずかだ。

ちなみに、伊奈発の普通は東岡崎止まりが多いが、平日に下り1本、名鉄岐阜までロングランする〝長距離鈍行〟がある。伊奈発6時7分発の853列車で、鳴海〜神宮前間のみ急行に変わるが、94・8㎞を延々3時間12分もかけて走り、名鉄岐阜着は9時19分だ。

●令和3年〝減量ダイヤ改正〟のポイント

令和3（2021）年5月22日実施の〝減量ダイヤ改正〟では、名古屋本線でも昼間の急行・準急を削減。〝豊川急行〟（豊川稲荷〜名鉄一宮）は平日の10〜16時台を中心に63本も廃止。豊明〜佐屋（津島経由）間に平日夕方と土休日の昼間、毎時2往復運転していた津島線直通の準急も廃止された。しかし、金山〜須ケ口間では平日の昼間、常滑線金山発着の普通を延長する格好で普通を毎時2往復増発。この補填により昼間は毎時2往復の普通しか停車しなかった西枇杷島と新川橋は、毎時4往復停車する時間帯ができた。

トピックスとしては、悲願だった豊橋発着の終電繰り下げがある。名鉄名古屋発豊橋行き特急（一部特別車）の最終は、改正前の22時43分発から、17分繰り下げて23時00分発の快速特急とし、豊橋着は23時51分になった。同列車は改正前の国府行き特急（同）のスジだが、快速特急格上げの救済措置で新安城は特別停車としたが、国府は通過。そのため国府へは、次発23時19分の伊奈行き（土休日は国府止め）特急（同）まで間隔があいた。ちなみに、ＪＲ名古屋駅発東海道本線上り豊橋への終電は23時57分発の快速である。

豊橋発終電では、鳴海行急行が改正前の23時34分発から7分繰り下げの23時41分発に変更された。豊橋では東海道新幹線から名鉄に乗り換える人も多く、東京22時3分発の名古屋行き最終「ひかり669号」の豊橋着は23時30分。乗換時間は4分しかなかったが、名鉄の終電繰り下げで同11分に拡大され、利便性が高まった。飯田線とのダイヤ調整にはＪＲの協力が不可欠だが、旅客の喜びはＪＲにとってもメリットがあろう。

一方、終電の繰り上げも実施された。名鉄名古屋発の名古屋本線上り東岡崎以東の最終は、改正前は23時35分発の伊奈行き特急（一部特別車）だったが、同列車は国府止まりとなり、伊奈への最終は16分も繰り上がり23時19分発の伊奈行き特急（同）が終電。東岡崎までの最終特急（全車一般車）も23時57分発から5分繰り上がって23時52分発になる。ちなみに、ＪＲ名古屋駅発の東海道本線上り普通、岡崎までの最終は23時59分だ。

続く同年10月30日改正では、名古屋本線西部で深夜帯の普通を削減。須ケ口～名鉄岐阜間の区間運転の普通は、平日の21時台に須ケ口発の下りは4本から3本に、名鉄岐阜発の上りは4本から3本に、合計2本が間引きされた。

ふつうの駅に生まれ変わった西枇杷島駅

西枇杷島駅は、構内に名古屋本線と犬山線が分岐する枇杷島分岐点信号場も属す重要な運転拠点。客扱いする駅は〝枇杷島三角地帯〟の西端にある。出改札は無人だが運転担当の係員が常駐している。

かつて同駅は2面4線で待避線があり、狭く湾曲した極狭ホームは4両対応だが上屋もベンチもなく、通過列車が来ると危険だった。そのため、運転担当の係員が保安員を兼ねて制限改札を実施していた。

そこで、平成31（2019）年3月16日のダイヤ改正から待避線の使用を停止。同年11月下旬より待避線を撤去し〝ふつうの駅〟に改良する工事を進め、令和3（2021）年1月16日から供用を開始した。

新装後は待避線跡を使ってホームを拡幅。相対式2面2線に改良したが、ホームは西をJRの高架、東を県道67号の踏切に挟まれ4両対応のまま。上下別々に新駅舎も新築したが、上りホーム北側には〝枇杷島三角線〟を結ぶ側線が残り、同駅舎前には遮断機付きの構内踏切が新設された。同駅は令和3年5月改正の急行削減による普通の補填増発で、平日の昼間に限り毎時4往復（原則2往復）停車する時間帯もある。

改良された西枇杷島駅は相対式2面2線、ホームは拡幅されたが4両対応のまま。上屋やベンチも設置し、上下別々に駅舎を新築した

沿線描写 ダイジェスト版（名古屋市敬老パス対象駅＝中京競馬場前〜東枇杷島間の各駅）

●豊橋〜東岡崎間

名鉄はＪＲ豊橋駅の３番線から発車。ホームは島式でＪＲ飯田線の２番線と共用だ。３番線の駅名標に名鉄の駅ナンバー標示はあるが、オレンジのラインとＪＲ東海のロゴ入り。**豊橋**を出るとＪＲ飯田線との共用区間を走る。同線の一部普通しか停車しない船町、豊川を渡って同格の下地を通過、豊川放水路を渡ると豊川市内だ。築堤を下るとＪＲ小坂井駅構内にある平井信号場、ここで飯田線と分かれ線路は北西を向く。

ＪＲ東海道本線は三河湾沿岸の蒲郡を経由するので離れ、名鉄は〝山あい〟へ向かう。この先、名電赤坂の手前までの約８㎞は直線区間が続く。まもなく名鉄としては最初の駅の**伊奈**。佐奈川を渡って**小田渕**を過ぎ、右手から豊川線が近づいてくると豊川線乗換駅の**国府**。この先、旧東海道の松並木で名高い**御油**、旧赤坂宿に近い**名電赤坂**と続き、右手に東名高速道路が近

豊橋駅は名鉄が施設の一部をJR東海から間借り。名鉄が発着する3番線の駅名標もJR東海仕様でオレンジ色のロゴとライン入りだ

づくと**名電長沢**である。

岡崎市内に入って高架に上がると**本宿**、高架下の歩道には尖塔のあるデザインで注目された旧駅舎の模型を展示中。高架を下りた先で丘陵地に入り、次の**名電山中**は緑濃い〝山の中〟に佇む駅。舞木検車場への入出庫線が分岐する舞木信号場を過ぎると、一畑山薬師寺への最寄り駅の**藤川**。近くの旧街道には往時の面影が残り、まもなく旧東海道と平面クロスする。次の**美合**は縁起のいい駅名で、周辺は新興住宅地として発展。続く**男川**付近も宅地化が進む。次の**東岡崎**は、改札口が南北地下通路内と東側の橋上駅舎内にある。昭和33（1958）年築の北口駅ビルに入居していた岡ビル百貨店は、建物老朽化などで令和3（2021）年5月21日をもって閉店した。ちなみに同駅は岡崎市の繁華街に近く、名古屋へは名鉄が優位だ。

●東岡崎〜神宮前間

東岡崎を出ると右手に徳川家康が生誕した岡崎城を眺めながら乙川を渡り、国道248号をオーバークロスすると**岡崎公園前**。ホームのすぐ西では愛知環状鉄道（愛環）の高架をアンダークロスするが、同駅と愛環の中岡崎駅は隣接し乗換も便利。矢作川を渡り、次の**矢作橋**には上り側にバラスト（敷石）搬入用の側線がある。

宇頭観音への下車駅、**宇頭**の先からは安城市内に入る。明治用水などを渡り、左手から西尾線が迫ると**新安城**。かつては南北地下通路に改札口があったが、改札口は令和2（2020）年12月19日より橋上駅舎に移り、翌3年3月28日にはバリアフリーの南北自由通路を活かした全工事が竣工、「安城の北の玄関口」として面目を一新した。

主要地方道12号をアンダークロスすると知立市内だ。知立団地に近い**牛田**を過ぎ、三河線の「山線」を越え、まもなく三河線乗換駅の**知立**に着く。駅周辺では令和5年度完成を目標に大規模な高架工事を施工中。ちなみに、知立といえば「大あんまき」が名物だ。

知立を出て右手に草刈公園が見えてくると刈谷市内へ。**一ツ木**を過ぎ、逢妻川を渡った先が**富士松**。そして、境川を渡ると豊明市内に入り、左手に犬山検車場豊明検車支区が迫ると**豊明**である。3面6線の堂々たる橋上駅だが出改札は無人。続く**前後**は豊明市の玄関、駅前には市街地再開発事業によるビッグな商業・住宅ビルが建っている。

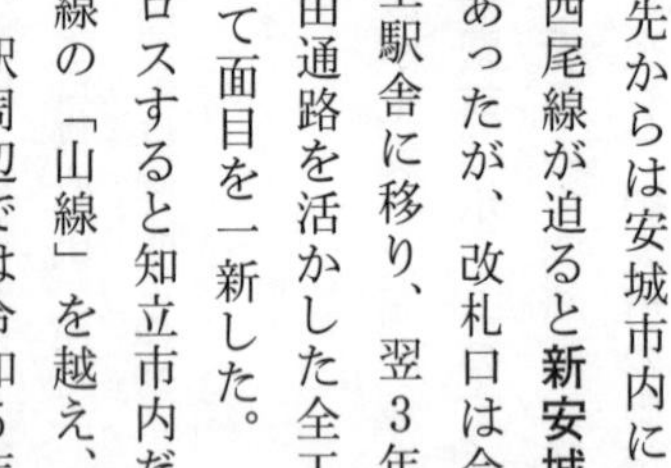

橋上駅舎化され「安城の北の玄関口」として面目を一新した新安城駅（南口）

国道1号をオーバークロスすると名古屋市内に入り、最初の駅は**中京競馬場前**。ＪＲＡ

中京競馬場への最寄り駅で、織田信長と今川義元が決戦した桶狭間古戦場跡へも近い。続く**有松**は東海道の古い町並みが残り〝有松しぼり〟でも名高い。住宅街の中を進み、大高緑地への最寄り駅の**左京山**を過ぎると高架に上がる。モダンな駅に変身した**鳴海**は名古屋市東南部の玄関口。地上に下りて天白川を渡り、主要地方道36号と平面クロスした先が**本星崎**。その後、〝環状線〟こと主要地方道55号をオーバークロスし、駅は尾張四観音の一つの笠寺観音に近い**本笠寺**、住宅街の中の**桜**と続く。〝東海通〟こと主要地方道56号と平面クロスし、民家の裏側を進むと**呼続**。そして、山崎川を渡ると高架に上がる。地下鉄名城線（4号線）が地下を通る県道221号を越え、名古屋高速3号大高線のノッポな高架をアンダークロスすると**堀田**。同駅は相対式2面4線で本線にホームはない。

堀田の先で新堀川を渡り、高架を下りると左手からJR東海道本線が近づく。常滑線をアンダークロスし、地上に下りると常滑線乗換駅の**神宮前**だ。堂々たる橋上駅で、駅名の由来の熱田神宮は西口の正面。同駅は名鉄の運転拠点で、東口のビルには瀬戸線を除く各線の運転管理を行う運転指令所や乗務区などが入居。乗務員も大半が交代する。東口には令和3年7月21日、名鉄が展開する駅直結の商業施設「μPLAT（ミュープラット）神宮前」がオープン。同シリーズでは最大規模を誇り、多彩な店舗で賑わいを創出している。

●神宮前～名鉄名古屋間

神宮前から金山までの2・2㎞は、名鉄唯一の複々線区間。常滑線の起点は神宮前だが、同駅の構内配線では折り返しができず、事実上は名古屋本線と常滑線が並行している格好。まもなく**金山**で界隈は名古屋の副都心。名鉄・JR・地下鉄の駅をまとめた総合駅で、名鉄駅舎2階のエキナカ「μPLAT(ミュープラット)金山」はいつも盛況だ。

金山を出て台地を抜け、堀川を渡ると高架に上がる。線路は名鉄のほかJR東海道本線と中央本線、のち東海道新幹線も加わり、4路線の線路が並走する〝鉄道銀座〟だ。次の**山王**は中日ドラゴンズの練習場でもあるナゴヤ球場への最寄り駅。まもなく前方に〝名駅摩天楼〟の高層ビル群が現れ、高架から地下へ潜ると**名鉄名古屋**に到着だ。名鉄百貨店本館の地下にあり、隣接の名鉄バスセンタービルには中長距離バスや郊外バスが発着、名鉄本社や名鉄グランドホテルなども入居する名鉄グループの中枢だ。詳細は60～67頁を参照。

金山総合駅の駅舎は名鉄・JRとも南北自由通路内、ホームは掘割の中で両社の乗換専用改札もある。名鉄駅舎2階にはエキナカ「μPLAT(ミュープラット)金山」がある

●名鉄名古屋〜名鉄一宮間

名鉄名古屋を出ると地下を進み、地上から高架へ上がると名鉄病院最寄り駅の**栄生**。同駅は折り返し設備のない名鉄名古屋駅を補完し、ホームは1面2線だが岐阜方に中線や留置線がある。同駅付近では東海道新幹線と東海道本線、その貨物線の〝稲沢線〟が並走し、〝都会の鉄道〟の趣だ。のち、栄生の先で名鉄は右にカーブして離れ、歴史的経緯から蛇のようなS字カーブが続く。カーブの途中にある**東枇杷島**を過ぎると庄内川を渡り、枇杷島分岐点信号場では犬山線と分岐する。ここは昔、枇杷島橋という駅だった。

庄内川右岸からは清須市内で、築堤を下ると**西枇杷島**。同駅のすぐ西側ではＪＲ東海道本線と東海道新幹線をアンダークロスし、少し走ると**二ツ杁**。待避線がある相対式2面4線で、堀田と同じく本線にホームはない。次の**新川橋**は駅名のごとく新川の左岸堤防脇に位置し、続く**須ケ口**では津島線が分岐す

栄生駅は名鉄名古屋駅を補完するため折返し用の中線などがある。中線で待機中の「ミュースカイ」2000系と、並行するJR東海道本線の“稲沢線”を走るDF200形重連の“四日市貨物”

る。同駅は清須市役所への最寄り駅だ。

須ケ口を出て右にカーブすると進路はやっと北西を向き、一宮、岐阜を目指す。古い住宅街の中の**丸ノ内**を過ぎ、五条川を渡ると**新清洲**。JRの清洲駅は稲沢市内のため清須市内で清洲を名乗る唯一の駅だ。その後、稲沢市内に入り、東海道新幹線をアンダークロスしたところが新興住宅地の**大里**。住宅街の中にある小駅の**奥田**を過ぎ、店舗が増えてくると稲沢市の市街中心に位置する**国府宮**。天下の奇祭「はだか祭り」で名高い〝国府宮さん〟こと尾張《おわり》大國霊《おおくにたま》神社《じんじゃ》への下車駅で、駅舎はホーム南端の東西自由通路の地下にある。

田畑の中を走り、次の**島氏永**は稲沢市と一宮市の境界線上にある。上下ホームが互い違いに配置され、下りは稲沢市、上りは一宮市内に属す。名神高速道路をアンダークロスし高架に上がると駅近くの妙興報恩禅寺が地名や駅名になった**妙興寺**。そして、右手からJR東海道本線、左手には尾西線が近づき**名鉄一宮**に着く。JR尾張一宮駅に隣接し、両駅は東西自由通路で連絡するが改札口は別々。西口には名鉄百貨店一宮店がある。

●名鉄一宮～名鉄岐阜間

名鉄一宮を出るとしばらくはJR東海道本線と並走。新木曽川の手前までは直線コースを走る。高架を下りて**今伊勢**、**石刀**《いわと》を過ぎ、右手には木曽三川公園の「ツインアーチ138」を望む。JRが離れ、東海北陸自動車道をアンダークロスすると**新木曽川**。この辺りから前方には岐阜の山々が眺望できる。小駅の**黒田**を過ぎ、まもなく築堤を上ると木曽川左岸の堤防脇に佇む**木曽川堤**。春は土手を彩る桜並木が美しい。

眼下に木曽川を眺めるアンティークなトラス橋を渡ると岐阜県に入る。橋の右岸堤防脇は平成17（2005）年1月29日に廃止された東笠松駅の跡。ここからは羽島郡笠松町で、右手には名馬オグリキャップで話題を集めた笠松競馬場を望む。春は〝奈良津の桜〟で知られる築堤を下ると竹鼻線乗換駅の**笠松**。笠松町の新市街に位置し町の玄関だ。同駅を出ると前方の金華山山頂にそびえ立つ岐阜城がはっきり見える。そして、羽島郡岐南町に入り、国道21号をアンダークロスすると**岐南**、相対式2面2線で外側待避線があり、岐南町の玄関だ。

境川を渡ると岐阜市内に入る。右手に犬山検査場

名岐連絡の要、木曽川橋梁は昭和9年の架橋。全長484・5m、7連トラス桁の下路曲弦ワーレントラス橋で、名鉄の橋梁では一番長い。3700系の上り“豊橋急行”がやってきた

茶所検車支区が迫ると**茶所**。そして、荒田川を渡ると家並みが増え、民家の間をすり抜けるように走って主要地方道1号と平面クロス、**加納**はその踏切のすぐ西側にある。再び古い昭和の住宅街の裏を進み、昭和43(1968)年1月7日に廃止された広江駅跡を過ぎると、右に急カーブを切りながら築堤を上る。

上空をJR東海道本線と高山本線の高架が覆う名鉄加納陸橋は、上下亘り線を担う約20mが単線になる。複線に戻るとすぐ、終点の**名鉄岐阜**で2面4線の高架ホームに到着する。旧新岐阜百貨店跡地には商業施設「ECT(イクト)」が入居するモダンでコンパクトな駅舎が建ち、1階には岐阜バスターミナルへの連絡口がある。

名鉄岐阜駅の南西には、県都の玄関でもある堂々たる施設のJR岐阜駅が構えている。駅前広場には名鉄岐阜市内線と揖斐線の直通運転などで活躍した〝丸窓電車〟、モ510形の513号車が〝電停〟に停車するような趣で静態保存され、一見の価値はある。

名鉄の高架をバックに、JR岐阜駅前の駅前広場に静態保存されている"丸窓電車"モ513号車。ここは幻の岐阜駅前電停移設予定地だったとか

豊橋の市電の多くは元岐阜の市電が活躍

豊橋は〝市電の走る町〟。名物の「ちくわ」と並び市街を走る路面電車は「豊橋名物」の一つだ。名鉄グループの豊橋鉄道（豊鉄）が〝豊橋市内線〟として、東田本線の駅前〜赤岩口間4・8㎞と、同支線の井原〜運動公園前間0・6㎞を運行。活躍する電車は様々だが、平成20（2008）年に新造した純国産の最新鋭LRV（全面低床式電車）、3車体連接車のT1000形は〝ほっトラム〟が愛称で、看板車両だ。

その他は他都市からの再就職組だが、名鉄「岐阜地区600V線」の廃止で譲り受けた元岐阜の市電が主力だ。岐阜市内線と揖斐線の直通急行に活躍していたモ780形が7両、各務原線と田神線〜美濃町線を直通していた部分低床車のモ800形も3両いる。モ800形は複電圧車だったが同機器は撤去し、801号車は廃止後すぐ豊鉄入り、802・803号車は福井鉄道へ嫁いだが平成31年に豊鉄が購入し、令和2（2020）年までに名鉄時代の3姉妹が豊鉄で再起した。このほか、美濃町線専用だった旧モ580形改めモ3200形の3203号車は、昭和30年製のレトロ電車。黄色に赤帯の豊鉄オリジナルカラーをまとい、吊りかけモーターをうならせ令和時代も快走中。同車はイベント用にも使用されている。

センターポール化された国道1号の中央を、吊りかけモーターの音色高らかに快走する昭和のレトロ電車モ3203号車。豊橋公園前

徳さんのここが気になる

●名古屋本線のサービスを考える

名古屋本線は前面展望で一世を風靡したパノラマカーの発祥路線。快速特急と特急に2200系も運用されているが、特別車にパノラマ展望室がない。また、一般車は最近の通勤車と同様、ロングシートの割合が高く、新型車とはいえサービスは低下した。JRとの並行路線でもあり、昼間の豊橋発着は車両運用を工夫し、「パノラマSuper」の残党1000形を連結した1200系に統一したらどうだろうか。

一方、トイレは特別車にある。一般車の旅客は利用しにくく、急遽の用足しで特別車エリアに入ったものの、トイレは車掌室に隣接するため、「特別車の設備」だと告げられて〝トイレ利用料〟を支払う人もいた。生理現象時の接遇を柔軟にしないと、普通車にもトイレがあるJRにシフトする人が増えるかも。

●列車種別と特別通過・特別停車の再考を

名古屋本線西部、名鉄名古屋〜名鉄岐阜間の快速特急・特急の標準停車駅は同じ。しかし、平日朝のラッシュ時は、上り特急の一部が笠松か新木曽川を特別通過している。特急より上格の快速特急が通過するならまだしも、特急が通過するのは紛らわしい。そこで提案だが、笠松、新木曽川の各駅は特急標準停車駅に降格させ原則、快速特急は通過。その他の快速特急も名岐間は特急に降格させ、どちらかの駅を通過または特別停車する列車のみが快速特急を名乗れば、名岐間の種別整理ができる。そして、名豊間で新安城・国府を通過する列車は、上りは名鉄名古屋で快速特急に、下りは神宮前で特急に種別変更すればよいのではないか。

〈路線データ〉　名古屋本線　豊橋～名鉄岐阜

▽線路＝複線。ただし、神宮前～金山間２・２㎞は複々線。豊橋～小坂井（平井信号場）間３・８㎞は名鉄が上り線、ＪＲ東海飯田線が下り線を保有、両社が単線の線路を共用し相互乗り入れの格好で複線使用。名鉄岐阜駅構内は一部単線

▽最高速度＝時速１２０㎞、豊橋～小坂井（平井信号場）間は時速85㎞

▽閉塞方式＝自動閉塞式

保安装置＝Ｍ式ＡＴＳ（豊橋～小坂井〈同〉間はＡＴＳ－ＰＴ併用）

▽全通＝昭和19（１９４４）年９月１日。新名古屋〈現＝名鉄名古屋〉～神宮前間の単線開通時。当時は豊橋線（豊橋～神宮前）・東西連絡線（神宮前～新名古屋）・名岐線（新名古屋～新岐阜〈現：名鉄岐阜〉）の３線で構成、電圧は金山以東１５００Ｖ、以西６００Ｖ。名岐線は昭和23（１９４８）年５月12日に１５００Ｖ昇圧。現路線全通は昭和23年４月18日（新岐阜駅移転開業時）

▽路線名制定、昭和23（１９４８）年５月16日。豊橋～新岐阜間直通運転開始時

▽沿線の車両基地

舞木検査場（最寄駅は名電山中）、定期検査（全般・重要部）がメイン。舞木信号場で入出庫線が分岐

犬山検査場豊明検車支区（最寄駅は豊明）、犬山検査場新川検車支区（最寄駅は須ケ口）、犬山検査場茶所検車支区（最寄駅は茶所）

「休憩室」

名鉄パノラマカーの7000系を彷彿させる小田急ロマンスカーの70000形「GSE」

名鉄に続き前面パノラマ式展望車を導入したのは小田急だが、同社が平成30（2018）年3月17日から「展望席のある特急ロマンスカー」の仲間に加えたのが、70000形「GSE」ボギー車編成だ。先頭車の前面はワイドな1枚ガラス、車体塗色はバラの色が基調の「ローズバーミリオン」。だが、イメージは〝赤〟で、形式ナンバーの頭番号《かしらばんごう》〝7〟と共に、名古屋人ならどこか懐かしく、パノラマカーを彷彿させる。展望車連結のロマンスカーは、白が基調の連接車50000形「VSE」と共通運用されていたが、「VSEだけの特殊な装置」の維持費がかかるとかで、令和4（2022）年3月11日に定期運用を終了した。

名鉄パノラマカーも平成21年に引退したが、舞木検査場には7000系第1編成の先頭車7001号車と7002号車が、豊明市のJRA・中京競馬場には7027編成のうちの3両が静態保存されている。

中京競馬場にいるパノラマカー7027号車ほか3両。特定日には2階の運転台も公開することもある

名鉄パノラマカーを彷彿させる小田急ロマンスカー70000形。外装はバラ色の“赤”。小田原線 開成

第五章

令和時代の名鉄電車各路線の現況
東部・知多ブロック

〔豊川線・西尾線・蒲郡線・三河線・豊田新線
常滑線・空港線・築港線・河和線・知多新線〕

豊川線　豊川市内を走る〝鉄道〟みたいな軌道線

区間＝国府〜豊川稲荷　営業キロ＝7・2㎞、路線略称＝TK（国府はNH）　駅数＝5
運賃計算キロ＝C線（営業キロ程×1・25）

路線概要

●二つの顔を持つ豊川の〝市電〟

日本三大稲荷の一つ、豊川稲荷は商売繁盛、家内安全で名高いが、豊川線は名古屋本線の国府と豊川稲荷を結ぶ単線7・2㎞のミニ路線。全区間、豊川市内を走る〝鉄道〟みたいな軌道線で、通勤通学輸送をメインに、豊川稲荷への〝参詣電車〟の趣もある。ちなみに、諏訪町〜稲荷口間は新設軌道（専用軌道）だが道路中央を走り、平日朝に6両編成の一部特別車の特急が走るのもユニークだ。

市街では道路中央に線路が敷かれた区間もあり“市電”の趣。諏訪町−稲荷口間を走る上り普通ワンマン列車6800系2連

最新ダイヤでの列車運行状況

●昼間は線内折り返し運転の普通のみ

豊川線は豊川海軍工廠への軍需路線として昭和20（1945）年1月27日、軌道法により豊川市内線として国府～市役所前（現・諏訪町）間の開通を嚆矢とする。

同線は法規上、今も軌道線のままで全線が新設軌道（専用軌道）。でも、施設は鉄道線と同じのため、特別な認可を受け、最高速度は時速85km（軌道法は時速40km）。列車番号は国府から豊川稲荷方面が上りで偶数、その逆が下りで奇数。線内ホーム有効長は6両だ。

基本運行パターンは毎時4往復が基本。このうち、同2往復は名古屋本線直通の急行か準急で原則、朝と夕方から夜間のみに運行。線内全駅が急行標準停車駅だが、平日の昼間は線内運転の普通のみで毎時2往復に減る。線内運転の普通は原則、6800系の2連を使用し、運転士が運賃収受をしない都市型ワンマンを実施している。

一方、平日の朝には、名古屋本線直通の快速特急と特急（いずれも一部特別車）が下りのみ各1本走る。両列車に使用する車両を送り込むため、上りの線内普通1本と名古屋方面から直通する上り急行1本は、一部特別車編成の特急車を使用。特別車は普通だと締切の回送車だが、急行は有料営業する。線内は特急以上も各駅停車だが特別停車の扱いだ。

ところで前述の如く、令和3（2021）年3月15日から一部特別車編成を使用する急行の特別車が有料開放された。諏訪町駅北西の穂ノ原工業団地へは名古屋方面からの通勤者も多いが、同団地にはJR東海の子会社でもある日本車輌製造豊川製作所もあり、名鉄急行（諏訪町着7時44分）の着席サービスは、JR系の人たちにも大好評を博している。

●令和3年〝減量ダイヤ改正〟のポイント

コロナ禍での令和3年5月22日改正で、昼間の名古屋本線直通急行が廃止され、代替は線内折り返しの普通に変更。この時点で同普通は毎時4往復だったが、同年10月30日改正では、それを半分の2往復まで削減し、国府発22時台の上りは2本から1本とした。

沿線描写　ダイジェスト版

国府を出ると左へカーブし進路を東へ。田んぼの中から高架に上がると**八幡**、地上に下りた諏訪新道信号

豊川稲荷駅の駅舎は建て替えられ、令和2年8月8日から供用を開始した

場の先が、豊川市の繁華街で市役所や穂ノ原工業団地へ近いスリムな駅舎の**諏訪町**。線路はこの先、道路中央に敷かれ〝市電〟の趣。佐奈川を渡り、**稲荷口**の先で進路は北を向き、右手にJR東海の飯田線が迫ると終点の**豊川稲荷**。駅舎は建て替えられ面目を一新。豊川稲荷こと豊川閣妙巌寺へは駅前から徒歩数分。駅前通より1本北側の旧道は豊川稲荷の総門に通じる表参道で、「なつかし青春商店街」は昭和浪漫を感じさせる。

徳さんのここが気になる

●紛らわしい列車種別の統一を

豊川線はミニ路線で全列車が各駅停車なのに、列車種別は快速特急から普通までの5種類もあって紛らわしい。そこで提案だが、名古屋本線直通の急行・準急を含め、線内は原則、全列車を普通とし、特別車を営業（座席は指定）する列車のみ優等種別を名乗り、線内は従来通り特別停車にしたらどうだろう。

〈路線データ〉　豊川線　国府～豊川稲荷7・2㎞

▽線路＝単線（軌道線準拠）最高速度＝時速85㎞　▽閉塞方式＝自動閉塞式

▽保安装置＝M式ATS　▽全通＝昭和29（1954）年12月25日（路線名制定の日）

※昭和28（1953）年12月16日、架線電圧を600Vから1500Vに昇圧、電車を大型化。のち路線を延長し新豊川（現＝豊川稲荷）へ達した。

西尾線　特急も走る西三河の〝高速ローカル線〟

区間＝新安城〜吉良吉田　営業キロ＝24・7km　路線略称＝GN（新安城はNH）
駅数＝14　運賃計算キロ＝B線（営業キロ程×1・15）

路線概要

●トヨタ系企業の進出で旅客需要を見込む

西尾線は名古屋本線の新安城と蒲郡線の起点の吉良吉田を結ぶ通勤通学路線。前身は西尾鉄道と愛知電気鉄道（愛電）傍系の碧海電気鉄道（碧電）で、歴史は複雑だが、昭和18（1943）年2月1日までに現在の路線形態となった。直線区間が多い〝高速路線〟で、名古屋本線直通の優等列車も古くから運転されている。かつて蒲郡線とは一体化した運行を行っていたが、平成20（2008）年6月29日のダイヤ改正で直通運転は廃止。西尾線の無人駅には駅集中管理システムを導入済みだが、蒲郡線は未整備のため、両線相互間の乗降は、吉良吉田駅の「のりかえ改札口」で運賃精算などを行っている。沿線には安城市に農業のテーマパーク「デンパーク」があるほか、西尾市は抹茶の香り漂う城下町で小京都、同市の吉良町は忠臣蔵に登場する吉良上野介義央の領地で、観光資源も点在する。

長らく単線だったが、新安城～西尾間はほぼ複線用地を確保しており、碧海桜井（現＝桜井）から米津方1・97㎞までと、西尾口の西尾方ホーム端部から西尾までの0・65㎞が複線化され、碧海桜井～米津間には新駅の南桜井を設置。碧海桜井は桜井、碧海堀内は堀内公園に駅名改称され、前述の平成20年6月29日改正から供用を開始した。

ちなみに、南桜井駅の近くにはトヨタ系企業のアイシン小川工場をはじめ、多くの工場や事業所が集中。新駅設置と部分複線化は旅客需要を見込んだ輸送力増強の一環だった。なお、南桜井は平成20年6月21日に南桜井信号場として開設されたが、その8日後の29日に南桜井駅に昇格。開業時は準急停車駅だったが、平成31年3月16日のダイヤ改正で急行停車駅に格上げされ、同線の準急は急行に統合。西尾線内から準急が消えた。

西尾線のハイライトは朝と深夜に上下各1本走る一部特別車の“名古屋特急”。同線唯一の6両編成の列車だ。1200系6連。米津～南桜井間

最新ダイヤでの列車運行状況

●名古屋本線直通急行を毎時２往復運転

列車番号は新安城から西尾方面が上りで偶数、その逆は下りで奇数。ホーム有効長は特急停車駅と南桜井が６両、その他は４両。急行以下は通勤型３扉車ほぼ全車種が活躍。

基本運行パターンは、①新安城〜西尾間が毎時４往復（急行２往復、普通２往復）、②末端区間の西尾〜吉良吉田間は同２往復（急行）、①の平日朝は５往復になる時間帯もある。急行は大半が名古屋本線との直通列車で、西尾〜吉良吉田間の各駅は急行停車駅のため、同区間の普通は朝と深夜のみの設定。そのため普通は原則、新安城〜西尾間の運行だ。

特急は一部特別車で主に１２００系６両編成を使用、名鉄名古屋〜西尾間に１日１往復の設定。下りは朝、上りは深夜に走り、対名古屋との通勤特急的性格を有する。

●令和３年〝減量ダイヤ改正〟のポイント

平成３（２０２１）年５月22日改正で、新安城発上り最終の西尾行き普通が、０時７分発から17分繰り上げの23時50分発に変更された。その他に大きな動きはない。

沿線描写　ダイジェスト版

西尾方面の上り列車は**新安城**を出ると大きく右へカーブし、のち南進する。**北安城**を過ぎ、ＪＲ東海道本線をオーバークロスし高架を走ると**南安城**。界隈は安城市の市街中心に近い。高架を下ると**碧海古井**、東海道新幹線をアンダークロスし、車窓左手に大きな観覧車が見えたところが**堀内公園**。高架に上がり、右手に大型スーパーや郊外型店舗が増えてくると**桜井**。「デンパーク」へは駅前からあんくるバスで約10分だ。

桜井からは複線となり、高架を下りると**南桜井**。トヨタ系企業への乗降が多い相対式2面2線の駅だが、ホーム縦断勾配の都合で単線になるのは上りホーム端部から３５０ｍ西尾方だ。同駅の先では国道23号をアンダークロス、車窓は田畑が広がり直線区間を進む。

西尾市に入って最初の駅が**米津**。まもなく矢作川を渡り、西尾の市街地に入る。西尾高校に近い**桜町前**を過ぎ、高架に上がると**西尾口**、同駅ホームの西尾方端部から西尾までは複線となり**西尾**に着く。商工業都市の西尾市の玄関で、西口前には商業ビルが、東口には大型スーパーが建ち、市役所は東口、西尾城址の西尾市歴史公園へは西口が近い。

西尾から先は単線に戻る。高架を下って田園地帯を走ると**福地**。平成18（２００６）年12月16日に廃止となった鎌谷駅の跡を過ぎ、矢作古川を渡るとまもなく**上横須賀**。界隈は吉良上野介義央の領地で、吉良氏の菩提寺の華蔵寺は駅の北東にある。そして、三河荻原駅跡（同）を過ぎると**吉良吉田**に到着だ。蒲郡線は中間改札を通り、かつて三河線の〝海線〟が発着した2番線。三河線の碧南方面は、駅前に出て名鉄バスが運行する「ふれんどバス」に乗換となる。

徳さんのここが気になる

上り西尾行き特急のダイヤ調整を期待する

西尾線唯一の特急1往復のうち、上り西尾行きの名鉄名古屋発は23時08分、西尾着は23時56分。夜遊びする人にはありがたいが、コロナ禍でもあり、もう少し通勤客が利用しやすい時間帯（19～21時台）に調整はできないものか……。特急車の送り込み運用とはいえ、車両運用を工夫し、特急列車としての品格を保ってもらいたい。別案としては、下り西尾発7時43分（土休日は8時2分）の折返しに間に合うように上りも朝に設定。名古屋方面からトヨタ系企業への通勤客も多く、特別車の利用も期待できると思う。

〈路線データ〉　西尾線　新安城～吉良吉田

▽線路＝単線・複線。複線区間＝桜井～南桜井、西尾口（同駅のホーム内は単線）～西尾
▽最高速度＝時速100㎞　▽閉塞方式＝自動閉塞式　保安装置＝M式ATS
▽全通＝昭和3（1928）年10月1日
▽路線名制定＝昭和23（1948）年5月16日（現在の路線・区間）

蒲郡線　三河湾沿岸を走る生活電車

区間＝吉良吉田～蒲郡　営業キロ＝17・6㎞　路線略称＝GN（西尾線と共通）
駅数＝10　運賃計算キロ・B線（営業キロ程×1・15）

路線概要

●観光路線の面影が残るローカル線

蒲郡線は前身の三河鉄道が碧南方面から延びてきた線路を延長し、昭和11（1936）年11月10日に蒲郡へ達した。名鉄合併後は分割され、吉良吉田～蒲郡間が蒲郡線となった。

風光明媚な三河湾沿岸を走り、沿線には「愛知こどもの国」、愛知県有数の温泉地の西浦や形原温泉など観光資源も点在する。だが、道路整備により観光客はもちろん地元の青壮年の人たちもクルマへシフ

ローカルムード漂う西浦駅で交換する6000系2連の上下ワンマン列車

ト。対名古屋は蒲郡からＪＲの「快速」が速く、格安駐車場を利用するパーク&ライドも定着し、観光路線の面影が残る典型的なローカル線と化した。

一時は廃止も検討されたが、地域の足を守る利用促進策として、西尾市と蒲郡市が運営経費の一部を補填、愛知県は両市に補助を行い、令和７（２０２５）年度までの存続は決定している。また、令和４年３月から同線などを走る６０００系１編成に、懐かしの白帯特急を彷彿させる白帯を巻き、レトロ車両で「地域とともに更なる観光推進」を図る施策も展開中。

最新ダイヤでの列車運行状況

●線内折り返しのワンマン運転　ＩＣカードは原則、利用できない

運転間隔はほぼ終日、普通のみ毎時2往復が基本。全列車が原則、ワンマン運転だ。列車番号は吉良吉田から蒲郡方面が上りで偶数、その逆は下りで奇数。吉良吉田と蒲郡を除き無人駅で、駅集中管理システムは未整備。吉良吉田を除く9駅はＩＣカードも未対応だ。各駅には乗車券自動券売機が設置され、車内に集札および精算用の運賃箱はあるが、整理券発行機は備えていない。ＩＣカードに代わる割引措置として、吉良吉田～蒲郡の相互間に限り「蒲郡線回数きっぷ10《テン》」を設定。1組10枚、片道運賃×10回分の1割引だ。

沿線描写　ダイジェスト版

蒲郡線が発着する**吉良吉田**駅の乗り場は駅舎側、旧三河線ホームの2番線。同駅を出ると漁港のムード漂う矢崎川の河口を渡り、**三河鳥羽**を過ぎると左手に三ケ根山を望む。右手にはチラリと紺碧の三河湾も見える。旧幡豆町の市街で西尾市役所幡豆支所に近い**西幡豆**、構内踏切から海がチラリと見える**東幡豆**に停まり、次の**こどもの国**は愛知県制100周年記念で開園した「愛知こどもの国」への最寄り駅。この先しばらくは、三ケ根山をバックに三河湾の海岸近くを走る。トタン張りの四角い駅舎が残る**西浦**を出ると、民家の裏を進み**形原**へ。両駅は西浦温泉と形原温泉への最寄り駅だが温泉客の利用はまれ。

県道321号の脇にホームがある**三河鹿島**を過ぎ、山側からJR東海道本線が近づき並走するとJR三河塩津駅に隣接する**蒲郡競艇場前**。そして、海側に競艇場を望み、高架を走ると終点の**蒲郡**に着く。同駅はJR東海との共同使用駅だが改札口は別々になっている。

〈路線データ〉　蒲郡線　吉良吉田～蒲郡

▽線路＝単線　▽最高速度＝時速85km　▽閉塞方式＝自動閉塞式　▽保安方式＝M式ATS
▽全通＝昭和11（1936）年11月10日　▽現行区間の路線名制定は昭和23（1948）年5月16日

蒲郡線 懐かしの駅舎を偲ぶ

レトロで小振りな昭和の木造駅舎が愛らしかった西幡豆駅と東幡豆駅。

両駅舎は老朽化で令和3（2021）年秋に解体されたが、本欄では昭和浪漫を感じさせた晩年の両駅駅舎をご覧いただこう。

昭和35年築の西幡豆駅の駅舎　令和3年12月までに解体

昔は三河湾観光スポットへの下車駅だった東幡豆駅は昭和34年築。令和4年2月までに解体

6000系白帯車で沿線地域と路線の一体的な魅力づくり

蒲郡線では思い出のセミパノラマカー、7700系を3扉にしたような感じの6000系初期車に白帯を巻き、レトロ電車で観光客の誘致を図ろうとする施策を展開している。

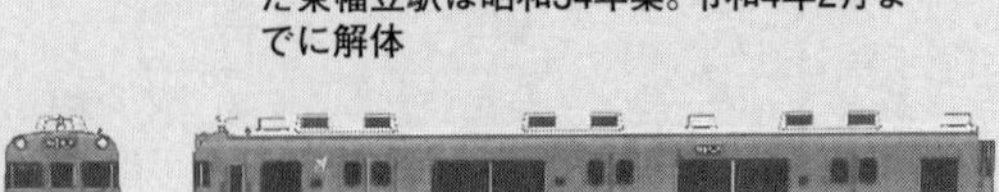

白帯を巻いた6000系のイメージ図

名鉄の運賃計算キロでの最長片道切符は蒲郡～御嵩間

愛知・岐阜県内に路線が延びる名鉄だが、同社の運賃計算キロでの最長片道切符は、蒲郡～御嵩間の140㎞（営業キロは122・5㎞）、運賃は1850円である。経路は吉良吉田・西尾・新安城・枇杷島分岐点・犬山の最短ルートを適用。任意で枇杷島分岐点・須ケ口・津島・名鉄一宮・名鉄岐阜・新鵜沼・犬山を経由するなどの迂回乗車をしても、乗車距離は延びるが運賃は最短ルートで算出する。

徳さんのここが気になる

蒲郡線～西尾線ほか相互間の乗継方法を考察

蒲郡線の三河鳥羽～蒲郡間の各駅および西尾線の上横須賀以北相互間を乗り継ぐ場合と、蒲郡線を吉良吉田駅で乗降する際は、同駅の「のりかえ改札口」で特別改札を受ける。また、上横須賀以北からICカードで入場し、蒲郡線に乗り継ぐ場合は「のりかえ改札口」で係員に最終下車駅を申告。ここで同駅までの運賃をICカードで精算し「カード精算済証」を受け取る。この先は同証に乗車券の効力が発生する。

一方、蒲郡線内各駅から吉良吉田以遠にICカードで乗車したい時は、各駅の乗車券自動券売機から旅客の任意で乗車証明書（無料）が発行できる。吉良吉田駅では特別改札時に同書とICカードを提出、乗車駅の入場情報が入れば、最終下車駅の自動改札機（広見線明智以遠は新可児駅で処理）が利用できる。

ちなみに、乗車証明書は券売機の種々の運賃ボタンと同じ枠内にあり非常に分かりにくい。また、乗車券とは異なり複数人数分の同時発行もできない。悪戯（いたずら）防止策だとは察するが、お客様を信じて改善を切望したい。

三河線　世界のトヨタのお膝元を走る

区間＝猿投～碧南　営業キロ＝39・8㎞　路線略称＝「山線」・MY、「海線」・MU（知立はNH）　駅数＝23　運賃計算キロ＝C線（営業キロ程×1・25）

路線概要

●知立が事実上のターミナル

三河線の前身は三河鉄道で大正3（1914）年2月5日、院線（→省線→国鉄→JR）東海道線の刈谷駅近くの刈谷新と、大浜港（現＝碧南）間の開通を嚆矢とする。

名鉄三河線としての現存区間は〝世界のトヨタ〟のお膝元、豊田市北部の猿投から同市内を斜めに貫き、名古屋本線と接続する知立を経由。ここでスイッチバックし、JR東海道本線と連絡する刈谷を通り、衣浦臨海工業地帯の高浜、そして碧南を結ぶ39・8㎞だ。

しかし、知立を境に運転系統が分かれ路線略号も別々。知立から豊田市方面の猿投へ向かう山側を「山線」（路線略号＝MY）、刈谷方面の碧南へ向かう海側を「海線」（同＝MU）と呼ぶ。両線を直通する列車はなく、車両が直通することはあっても知立を起終点とし、同駅で列車番号が変わる。まさに知立は事実上の三河線のターミナルでもある。

沿線にはトヨタ系企業の工場や事業所などが点在し、通勤輸送のほか地域の用務客の利用も多い。ちなみに、「海線」は刈谷でJR東海道本線に連絡するが、同線の「快速」サービスは好評で、碧南方面と対名古屋は刈谷でJRに乗り換える人が多い。

出札係員が配置されている駅は知立、土橋、豊田市、猿投、刈谷、碧南中央の各駅。その他は運転係員がいる碧南を含め、出改札は駅集中管理システムを導入した無人駅だ。ホーム有効長は基本4両だが、知立の4番線は島式8両で名古屋本線下りと共用。土橋、上挙母、豊田市、梅坪の各駅は、豊田線用20m級車両に対応するため6両分を確保してある。

なお、「山線」は猿投〜西中金間8・6km、「海線」は碧南〜吉良吉田（蒲郡線と連絡）間16・4kmの路線も延びていたが、道路整備により両区間とも平成16（2004）年4月1日に廃止された。

梅坪駅は島式1面2線、豊田線上り上小田井行き（左）と連絡をとり、同駅を発車した上り知立行き6000系2連（右）。ホームセンサーが作動中

最新ダイヤでの列車運行状況

●全線がほぼ終日15分ごとのネットダイヤ

「山線」・「海線」ともほぼ終日15分ごとのネットダイヤで、令和3年春・秋改正の〝減量ダイヤ〟の対象にはならなかった優良路線だ。全列車が普通で原則、都市型ワンマン運転を実施。ただし、「山線」の豊田市〜梅坪間は豊田線の列車が乗り入れるので列車密度は高い。また、「山線」はビッグイベント開催時などに最大10分ごとの増強も可能である。

列車番号は「山線」の知立から豊田市方面が下りで奇数、その逆は上りで偶数。「海線」は知立から碧南方面が上りで偶数、その逆は下りで奇数。

●名鉄での「都市型ワンマン」のパイオニア

「山線」は平成13（2001）年10月1日から、運転士が運賃収受をしない新方式のワンマン運転を開始。いわゆる「都市型ワンマン」で、駅集中管理システムを本格活用した初の区間でもあり、ホームセンサーも設置された。

「海線」ものちに同じシステムなどを導入し、平成18年4月29日から都市型ワンマン化されたが、ホームセンサーは設置されなかった。なお、ワンマン車両は運賃箱がない6000系の固定4両編成、同2両編成が活躍中。

沿線描写　ダイジェスト版

「山線」知立〜猿投間

巨大高架の一部が現れた**知立**を出ると左に大きくカーブし、進路は北東を向く。名古屋本線をアンダークロスすると**三河知立**、界隈は知立市の旧市街の中心、同駅は元祖知立駅の残党だが、高架化で移転するとか。まもなく豊田市内に入り、高架に上がる付け根から複線風（約500m）になると高架駅の**三河八橋**。単線に戻って地上に下り、伊勢湾岸自動車道の高架を潜る。**若林**付近では高架工事が始まり、続いて**竹村**に停車。三河八橋駅からの3駅は1面2線の島式ホームだが右側通行、これはタブレット閉塞時代の名残かも。

東名高速道路をアンダークロスすると立派な橋上駅の**土橋**。同駅周辺はトヨタ系企業の工場地帯。その後、愛知環状鉄道の高架などを潜り、どっしりとした木造駅舎が残る**上挙母**《うわごろも》へ。界隈は下町ムードだが、左にカーブし高架に上がるとモダンなビル群が増え**豊田市**に到着する。西側の愛知環状鉄道新豊田駅へは、ペデストリアンデッキで連絡している。

豊田市から梅坪までは複線。地下鉄鶴舞線と相互直通運転を行っている豊田線の電車も乗り入れている。**梅坪**は島式1面2線、豊田線も三河線と同じホームに発着する。同駅で豊田線は左にカーブして離れ、三河線は右にカーブし再び単線になる。線路は引き続き**越**

戸まで高架を走り、その後、地上に下り緩い左カーブの大築堤を回りきったところが**平戸橋**。この先、猿投までは緑豊かな雑木林が美しい。右手に犬山検査場猿投検車支区が見えてくると終点の**猿投**。駅前には西中金・足助方面を結ぶ「とよたおいでんバス」が発着する。

「海線」知立〜碧南間

知立では「山線」と同様、東向きに発車するが線路は複線だ。すぐ右へカーブし進路を西南に向け、国道23号と東海道新幹線をアンダークロスすると**重原**。同駅からは単線で、刈谷市内に入ってJR東海道本線をオーバークロス、右にカーブすると橋上駅の**刈谷**に着く。JRとの共同使用駅で改札口は別々。刈谷から次の刈谷市までは再び複線になる。車窓はオフィスやマンションが林立し都会風。まもなく**刈谷市**で、同駅は刈谷市の中心に位置し、市街の銀座、広小路の地名は昭和の繁華街の名残かも。

刈谷市から終点までは単線だ。高架を下りると進路は南方へ。車窓は田園風景に一変し**小垣江**に停車。高浜市内に入ると節句人形の産地で知られる**吉浜**。続く**三河高浜**は三州瓦で名高い高浜市の玄関。次の**高浜港**は産地の象徴、瓦屋根でなまこ壁の新駅舎が自慢だ。

高浜川を渡ると碧南市内。**北新川**の碧南方の踏切近くには「き志ゃにちゆいすべし」と彫られた安全地蔵が立つ。裏面には大正15年建立とあり往時を彷彿とさせる。続く**新川町**辺りまでは、瓦屋根の民家や工場などが点在する。街並がモダンになると**碧南中央**。ズバリ碧南市の中心で、片側1面1線のコンパクトな駅だが終日駅員が勤務、市役所へも近い。次は終点の**碧南**だが、昭和の旧駅舎に代わって平成31（2019）年に黒を基調としたモダンな三代目駅舎が竣工。翌、令和2年には改札外の隣接地に特産の三州瓦を使った待合所も竣工し、同年9月1日から供用を開始した。まさに碧南市の玄関の様相だが、出改札は無人。駅前には西尾・蒲郡線の吉良吉田駅を結ぶ「ふれんどバス」が発着する。

碧南以遠は廃線区間だが、碧南市内の同2・3㎞は「碧南レールパーク」の名で歩行者・自転車専用道に整備。駅跡は広場となり、旧貨物線が分岐した大浜口から、玉津浦、棚尾、三河旭と続く。

モダンな三代目駅舎が竣工した碧南駅。駅は名鉄、隣接の待合所は碧南市が整備した。令和3年9月19日

100系使用の〝チョン行〟

地下鉄鶴舞線に乗り入れる豊田線用の100系は、20m級車体の6両固定編成で1編成の長さは約120m。その100系が早朝、三河線の土橋発、平日6時22分・7時12分、土休日5時45分・6時18分の普通豊田市行き〝チョン行〟2本で営業運転に活躍する。同列車は、自動案内放送をしないので方向幕との連動ができず、方向幕は白の無地とし系統板を掲出するのもユニークだ。

これは豊田市駅に留置線がなく、夜間停泊時に土橋駅の留置線を使用するための間合い運用。入庫時は回送、出庫時は客扱いするため、土橋と上挙母のホームは豊田市などと同じ20m車の6両対応だ。

刈谷市交通児童遊園にある名古屋市電1600型ほか

名古屋市電は昭和49（1974）年4月1日付けで全線が廃止されたが、昭和26年日本車輌製の1600型1603号車が刈谷市に寄贈され、刈谷駅近くの刈谷市交通児童遊園にアンドン式の電停表示（電停名・笈瀬通）と共に保存展示中。園内には国鉄中央西線の電化で中津川機関区を最後に昭和47年9月22日に廃車となったD51 777号機も保存展示されている。

刈谷駅南口から徒歩約8分。休園日＝水曜（祝日の場合は翌日）と年末年始。

系統板を掲出して走る。100系6連の“チョン行”豊田市行き普通。土橋～上挙母間

徳さんのここが気になる

●三河線「山線」だけのホームセンサーを考察

三河線「山線」の三河知立〜平戸橋間の各駅（豊田市を除く）にはホームセンサーが設置されている。列車発車時に人や物をセンサー（光）により感知し、異常時は列車が緊急停車する。だが、期待したほどの効果はなく、その後ワンマン化された「海線」も含め、他の都市型ワンマン導入線区へは未設置である。維持費もかかるのでホームドアの設置を検討したらどうだろうか。

〈路線データ〉　三河線　猿投〜碧南

▽線路＝単線・複線（複線区間は梅坪〜豊田市間、知立〜重原間、刈谷〜刈谷市間）

▽最高速度＝時速90km　▽閉塞方式＝自動閉塞式　▽保安装置＝M式ATS

▽全通＝大正13（1924）年10月31日（現行区間）

▽路線名制定＝昭和16（1941）年6月1日、三河鉄道が名古屋鉄道へ合併した日

▽沿線の車両基地　犬山検査場猿投検車支区（最寄駅は猿投）、月検査・列車検査

刈谷駅近くの刈谷市交通児童遊園の名古屋市電1603号車。屋外展示だが上屋もあり保存状態は良好

豊田線　地下鉄鶴舞線へ乗り入れ、豊田と名古屋の都心を直結

区間＝梅坪～赤池　営業キロ＝15・2km　路線略称＝TT（梅坪はMY、赤池は地下鉄T20と併用）　駅数＝8　運賃計算キロ＝B線（営業キロ程×1・15）・新線加算額あり

路線概要

●名古屋市郊外の東部丘陵地を走る通勤通学路線

豊田市と名古屋市都心部を、名古屋市交通局（名市交）の地下鉄鶴舞線経由で結ぶのが豊田線。三河線「山線」の梅坪を起点に、みよし市を通り、日進市の赤池を結ぶ全線複線・立体交差の高規格路線だ。名古屋市郊外の東部丘陵地を走り、トンネルや掘割も多い。

ちなみに、豊田線は昭和54（1979）年7月29日に全線が一気に開通。当初は〝豊田新線〟の呼称も併用していたが、昭和61年9月29日より正式に豊田線に統一された。

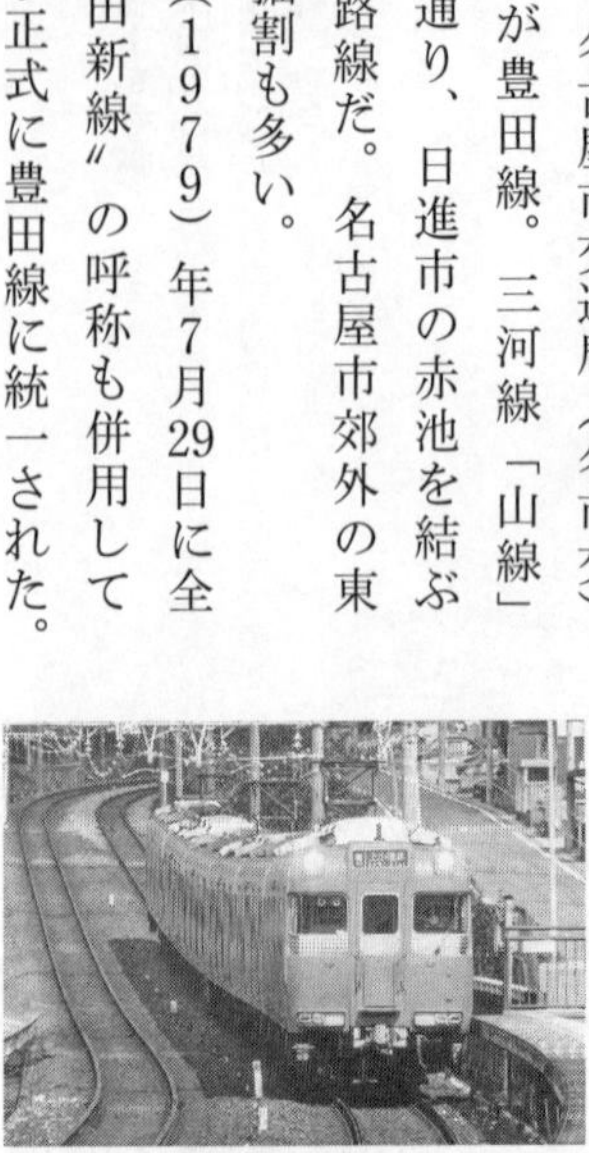

電車は20m級4扉ロングシート車6両編成で、名鉄は100系・200系（100系6次車）、名市交は3000形・3050形・N3000形が活躍。100系6連。黒笹

最新ダイヤでの列車運行状況

●地下鉄の延長のような路線　豊田市〜赤池〜〈地下鉄〉〜上小田井間の運行が基本

全列車が普通で三河線の豊田市発着、地下鉄鶴舞線（3号線）と相互直通運転を行い、上小田井では名鉄犬山線とも接続、同線直通もある。列車番号は犬山線からの直通列車に合わせ、赤池から梅坪方面の下りを偶数。その逆は上りで奇数。なお、黒笹駅近くの愛知池橋梁には風速計が設置され、同駅には強風時の折り返し用に上下線を結ぶ亘り線がある。

豊田市〜上小田井間の運行が基本だが、朝の数往復と昼間〜夜間は毎時1〜2往復が犬山線に直通、だが土休日は赤池発着が多い。本数は少ないが豊田市〜犬山間のロングラン系統もある。運転間隔は平日・土休日とも毎時4往復（平日15分ごと、土休日12分または18分ごと）が基本。平日のラッシュ時は増発されるが、朝は最大8分・夕方は同10分ごと。

なお、土休日は昼間、地下鉄鶴舞線が10分ごと（平日は7〜8分ごと）になるので、赤池では運転間隔調整のため停車時分が少し長い列車もある。

赤い名鉄100系と銀色の地下鉄N3000形の顔合わせ。三好ケ丘

沿線描写　ダイジェスト版

赤池は名古屋市外の日進市に位置しホームは地下にある。名市交管轄の地下鉄鶴舞線との共同使用駅で、名古屋市「敬老パス」は地下鉄のみ対象、名鉄の乗車券類の一部は発売していない。赤池を出ると地上に出て高架に上がる。地下鉄日進車庫の上の跨線橋を渡り、平子・高松の短いトンネルを抜けると**日進**。駅周辺には高層マンションが建ち並ぶ。電車は雑木林の間を走り、梨子ノ木トンネルを抜け**米野木**へ。ホームからは〝愛知池〟こと東郷調整池を望む。同駅の先で愛知池橋梁を渡り、東名高速道路をオーバークロス、みよし市に入ると**黒笹**。黒笹トンネルを抜けると**三好ケ丘**で、界隈はモダンなニュータウンだ。

福谷トンネルを抜け豊田市内に入ると半地下構造の**浄水**。同駅周辺も発展が著しい。電車は伊保原台地の掘割の中を進み、傾斜地のため駅舎の下にホームがある**上豊田**に停車。再び高架に上がり、眼下に豊田の市街を眺めながら大きく右にカーブし、左手から三河線が迫ると**梅坪**に着く。電車は次の豊田市まで三河線に乗り入れ堂々たる複線高架を走る。

〈路線データ〉　豊田線　梅坪〜赤池
▽線路＝複線　▽最高速度＝時速100㎞　▽閉塞方式＝自動閉塞式
保安装置＝M式ATS　▽全通＝昭和54（1979）年7月29日

常滑線・空港線　中部国際空港へのアクセスを担う基幹路線

「常滑線」区間＝神宮前〜常滑　営業キロ＝29・3㎞　駅数＝23
「空港線」区間＝常滑〜中部国際空港　営業キロ＝4・2㎞　駅数＝3（含む常滑）
路線略称＝TA（両線共通、ただし神宮前はNH）
運賃計算キロ＝B線（営業キロ程×1・15）空港線は新線加算額あり

路線概要

●社運を担う〝期待の星〟、でもコロナ禍は想定外……

日本六古窯に数えられるやきものの町が常滑。常滑線は名古屋本線の神宮前を起点に知多半島西岸の北部を走り、名古屋南部臨海工業地帯の東海市、知多市を通り、マリンレジャーで人気の新舞子を経て、伝統と歴史が息づく陶都・常滑市を結ぶ。歴史は古く明治45（1912）年2月18日、愛知電気鉄道の手により伝馬町（現＝神宮前の南西付近）〜大野（現＝大野町）間23・3㎞の開業が嚆矢。その後、両区間を延長し神宮前〜常滑間の全通は大正2（1913）年8月31日だった。途中の大江では工場地帯への築港線が、太田川では東海岸への河和線が分岐する。ちなみに、名古屋本線の神宮前～金山間は複々線化されているが、事実上は常滑線を延伸し並走する格好だ。

空港線は平成17（2005）年2月17日、常滑沖に開港した「セントレア」こと中部国際空港へのアクセス路線。同年1月29日に開業し、第三セクターの中部国際空港連絡鉄道が第三種鉄道事業免許を、名鉄が第二種鉄道事業免許の上下分離の鉄道だ。名鉄は前者へ線路使用料を支払い空港線として運営し、建設費償還のため加算運賃が認められている。

常滑線と空港線は一体化して運用しているが、常滑線は曲線改良や軌道強化なども成り、2000系使用の「ミュースカイ」は車体傾斜制御装置を活かし曲線区間も他の種別より速く、名駅とセントレアを最速28分で結ぶ。今や両線は国鉄民営化後の名古屋本線に代わる稼ぎ頭で、まさに〝期待の星〟として君臨してきたが、新型コロナは想定外の禍となる。

紺碧に輝く伊勢湾をバックに空港へ急ぐ下り「ミュースカイ」2000系4連。待避中は下り普通6800系2連。西ノ口

最新ダイヤでの列車運行状況

●列車密度が高い神宮前〜太田川間

列車番号は常滑方面が偶数、神宮前方面は奇数だが、路線の性格上、神宮前から常滑方面が下り、その逆は上りだ。列車種別は全車特別車の「ミュースカイ」、一部特別車・全車一般車の特急、快速急行、急行、準急、普通の順。うち一部特別車特急は空港線直通が2200系、河和線直通は1200系がメイン。その他は通勤型3扉車ほぼ全車種が活躍。線内最大編成両数とホーム有効長は8両だが、一部の駅はホームが6両か4両分しかない。

神宮前〜太田川間は、河和線直通が加わり列車密度は高い。昼間の基本運行パターンは毎時、「ミュースカイ」2往復、一部特別車の特急4往復、急行2往復・準急2往復、普通4往復。河和線直通の特急2往復は平日の昼間、全車一般車になる。また、平日朝の下り河和線直通急行1本は1200系の一部特別車編成を使用、特別車も有料で営業している。

太田川〜中部国際空港間の昼間は毎時、「ミュースカイ」・特急・準急が各2往復。普通も原則2往復だが、空港線内の昼間の一部は、下りは中部国際空港まで営業し、上りは回送〜常滑始発。夕方以降は下りが常滑止まりで〜回送、上りは中部国際空港始発と変則だ。なお、「ミュースカイ」は朝の上り4本（平日・土休日とも）を除き、太田川は通過する。

全車一般車の特急と快速急行の標準停車駅は同じだが、快速急行は平日に特別停車するタイプが多い。全車一般車の特急は、中部国際空港発深夜の上り1本のみ。快速急行は上下とも朝のみの設定。普通は原則、金山発着で河和線に直通するタイプが多い。

●令和3年〝減量ダイヤ改正〟のポイント　昼間の「ミュースカイ」は計画運休

空港アクセスの「ミュースカイ」は、令和3（2021）年5月22日改正から昼間を中心に運行区間を名鉄名古屋〜中部国際空港間に短縮。犬山線・広見線直通では中部国際空港発新鵜沼・新可児行き併結を新鵜沼行きに統一、広見線直通は平日朝の新可児発2本のみとなった。

空港対名古屋の「ミュースカイ」は昼間も毎時2往復のままだが、利用客の激減により改正日から当分の間、年末年始や旧盆などの繁忙期を除き、名鉄名古屋発は10時台の1本と11〜16時台（土休日は17・18時台も）の全列車を、中部国際空港発は11〜16時台（同17・18時台も）の全列車と17時台の1本（同19時台の1本も）を計画運休とした。このため「ミュースカイ」は原則、朝と夕〜夜間のみの運行となっている。

同改正では、名鉄名古屋からの中部国際空港行き最終を見直し、23時15分発の急行を30分繰り上げて22時45分発とし、23時15分発は常滑止まりに変更した。

沿線描写　ダイジェスト版　（名古屋市敬老パス対象駅＝神宮前〜柴田間の各駅）

「常滑線」神宮前〜常滑間

常滑線の起点は事実上、名古屋本線の金山。しかし、正式の起点は昔も今も**神宮前**だ。同駅を出ると名古屋本線、ＪＲ東海道本線などをオーバークロスし高架を走る。**豊田本町**、**道徳**を過ぎ、地上に下りると築港線乗換駅の**大江**。大江川を渡り再び高架に上がると工場や学校が隣接する**大同町**。歓楽街がある**柴田**を過ぎ、天白川を渡ると東海市に入る。

車窓は左に民家、右は工場が密集。**名和**を過ぎ、右にカーブし地上に下り、知多半島へ入り込むと、小高い丘の上に大仏さんが鎮座する**聚楽園**。社名の略称が駅名の**新日鉄前**を過ぎ、高架に上がって太田川を渡ると東海市の玄関の**太田川**だ。同駅は名鉄初の3層構造の高架駅。河和線が分岐し、高架化で常滑線下りと河和線上りの平面交差が解消された。

次は東海市の繁華街に近い**尾張横須賀**。高架を下り、続く**寺本**からは知多市内に入る。再び高架に上がり、知多市役所に近い**朝倉**の先で地上に下り、古い住宅街の**古見**、人工の雑木林が続く**長浦**から**日長**にかけては大工場地帯だ。この付近は埋め立て地で、昔は海水浴場として賑わい、線路脇の堤防跡が往時を偲ばせている。右手に風力発電の風車が見えてくると**新舞子**。海水浴場で海浜公園の「新舞子マリンパーク」へは同駅が最寄り駅だ。

常滑市に入ると最初の駅が**大野町**。界隈には古い民家が建ち並び、昭和初期の面影が漂う。そして、田園地帯を走って**西ノ口**、**蒲池**を過ぎ、ＩＮＡＸの工場脇に位置する**榎戸**の先で高架に上がる。住宅や工場が密集してくると**多屋**、続く**常滑**は陶都・常滑市の玄関だ。

「空港線」常滑〜中部国際空港間

常滑からは全線立体交差の空港線を走る。常滑を出ると右手に常滑競艇場が見え、右カーブの高架を走ると**りんくう常滑**。周辺は埋立地だが、急速に街づくりが進み、数々の大型商業施設やホテルなどが建った。

そして、全長１０７６ｍの堂々たる中部国際空港連絡鉄道橋を渡ると終点の**中部国際空港**に到着。強風防止のためガラス壁をホームに設置、改札口の前が空港アクセスプラザで、ホームから出発カウンターまでは段差がない構造だ。

中部国際空港連絡鉄道橋を渡る一部指定席の特急2200系6連。中部国際空港〜りんくう常滑間

徳さんのここが気になる

●「ミュースカイ」の停車駅再考を

「ミュースカイ」はコロナ禍により一部運休中だが、「セントレア」と「ミュースカイ」は一心同体、空港とアクセス鉄道は運命を共にする。名鉄は一部特別車の特急は間引かずに運転し、急用の航空旅客や空港職員らの足を確保している。厳しい経営環境の中、地域交通の使命を果たしていることは評価したい。

ところで、コロナ禍でも運行継続中の「ミュースカイ」は、朝と夕方～夜間に走り着席保証の〝通勤特急〟的性格だ。同列車は、朝の上り4本を除き神宮前～中部国際空港間はノンストップだが、その一部を南海電気鉄道の「ラピート」を参考に、主要駅に特別停車させてはいかがだろうか。夕方以降の下り空港行きの一部を朝と同様、太田川、尾張横須賀、朝倉、新舞子、常滑にも停車させれば、通勤客に喜んでもらえるかも。

〈路線データ〉　常滑線　神宮前～常滑　空港線　常滑～中部国際空港

「常 滑 線」▽全通＝大正2（1913）年8月31日（現行区間）

「空 港 線」▽全通＝平成17（2005）年1月29日（正式営業開始時）

所有者＝中部国際空港連絡鉄道（第三種）　運営者＝名古屋鉄道（第二種）

「両線共通」▽線路＝複線　▽最高速度＝時速120㎞　▽閉塞方式＝自動閉塞式

▽保安装置＝M式ATS、ATS-P（2000系のみ対応）

築港線　名古屋港臨海工業地帯への重要なアシ

区間＝大江～東名古屋港　営業キロ＝1・5km　路線略称＝CH（大江はTA）
駅数＝2　運賃計算キロ＝B線（営業キロ程×1・15）

路線概要

●昼間は〝昼寝〟する通勤路線

常滑線の大江から東名古屋港までの一駅を結ぶのが築港線。名古屋港の臨海工業地帯に林立する工場への通勤路線で、特徴は朝夕の通勤時間帯のみの運行だ。また、名古屋臨海鉄道と連携し、社用品の輸送で新車の搬入や廃車の搬出などにも活用。名鉄との連絡は、車扱貨物中継駅の名古屋臨海鉄道名電築港から東名古屋港を結ぶ引込線を経由している。

なお、東名古屋港駅に運転担当の係員はいるが旅客扱いは無人、改札口もなく、入出場はICカードを含め、大江駅の「のりかえ改札口」で対応している。

東名古屋港駅に進入する5000系4連。築港線では昔懐かしい系統板を掲出、票券閉塞のスタフ（△）を示す標識も現役

最新ダイヤでの列車運行状況

列車番号は常滑線に合わせ、大江から東名古屋港方面が下りで偶数、その逆が上りで奇数。線内折り返しの普通を朝夕のみ運行、土休日は本数が減る。原則4両編成で、運転士は運賃収受をしない都市型ワンマンを実施。線内に交換設備はなく、保安方式は票券式だ。

沿線描写　ダイジェスト版　（名古屋市敬老パス対象駅＝大江・東名古屋港）

築港線のハンドルは大江駅の運転係員が握る。**大江**の築港線ホームは西端の5番線。「のりかえ改札口」を通ると営業扱い上は東名古屋港駅に着いた格好。東名古屋港駅は昔ながらの無人駅のため、下りは前払い、上りは後払いの扱いとしている。

大江を出ると右にカーブし進路を西へ。車窓右は大倉庫、左は大工場が密集する臨海工業地帯だ。まもなく名電築港信号場で、名古屋臨海鉄道東築線と平面交差するダイヤモンド・クロッシングを通過。交換設備はないが、北側には

名電築港（信）にある“築港線名物”ダイヤモンド・クロッシング

東築線の非電化の貨物駅が広がり、右手から同貨物駅からの引込線が合流すると**東名古屋港**に到着だ。

電化区間は同駅まで。線路は名鉄所有の側線として、旧貨物駅の東名古屋港駅跡を経て、大江埠頭の岸壁手前まで続く。この先は名古屋港管理組合の専用線で、その貨物駅は鉄道車両専用岸壁。名古屋臨海鉄道に業務委託し、車両の輸出や甲種輸送の搬出に使用される。

徳さんのここが気になる

●昼間は電車が走らないことの告知徹底を！ 並行する市バス路線はある

名鉄各駅に「築港線は昼間運休」の案内がない。事情を知らない人のためにも、各駅の切符売場や改札口などにその告知の掲出を切望する。ちなみに、名鉄築港線と並行する名古屋市営バスの路線が2系統ある。昼間は「神宮12」系統が30分ごと、「新瑞14」系統がほぼ40分ごとで、平日の朝夕は増便される。バス停は大江駅だと駅南方の港東通、東名古屋港は駅前の大江町を利用する。

〈路線データ〉　築港線　大江～東名古屋港

▽線路＝単線　▽最高速度＝時速60km　▽閉塞方式＝票券閉塞式（全区間1閉塞）

▽保安装置＝M式ATS　▽全通＝大正13（1924）年1月15日（愛電時代に全通）

※日本車輌製の名鉄の新車や輸出車両の甲種輸送ルートは、前作『名古屋鉄道 今昔』139頁を参照

河和線　知多半島東海岸を走る〝高速〟タウントレイン

区間＝太田川～河和　営業キロ＝28・8km　路線略称＝KC（ただし太田川はTA）
駅数＝19　運賃計算キロ＝B線（営業キロ程×1・15）

路線概要

●離島航路とも連絡する通勤・観光路線

常滑線の太田川を起点に知多半島を西から東へ斜めに横断、知多半田からは東海岸を南下し、美浜町の河和を結ぶのが河和線。前身は知多鉄道で昭和6（1931）年4月1日、太田川～成岩《ならわ》間を開業させたのが嚆矢。省線（→国鉄→JR）武豊線に対抗するため、高規格の高速電車線として建設され、昭和10年8月1日までに河和までの全線が開通した。

沿線は名古屋の衛星都市に発展したが、河和では三河湾に浮かぶ日間賀島と篠島、渥美半島先端の伊良湖へも航路で連絡。通勤兼観光路線として二つの顔を持っている。

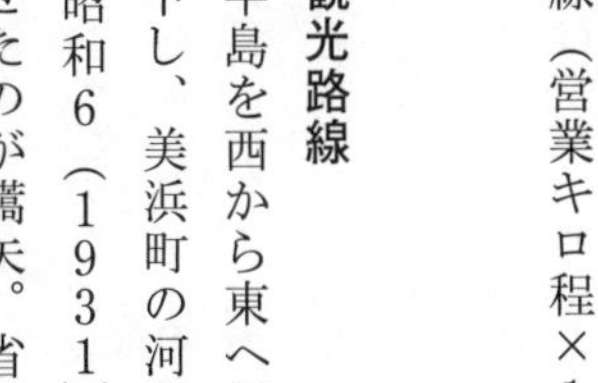

三河湾を眺めながら1200系の上り名鉄名古屋行き一部特別車の特急がやってきた。河和口～富貴間

最新ダイヤでの列車運行状況

現在、河和線は富貴で分岐する知多新線と一体化してダイヤが組まれている。列車番号は常滑線に準拠し、太田川から河和（内海）方面が下りで偶数、その逆は上りで奇数。大半の列車が名古屋本線の名鉄名古屋・金山方面から常滑線を経由しての直通運転だ。

列車種別は特急が一部特別車・全車一般車の2タイプ。以下、快速急行、急行、準急、普通と続く。快速急行と準急は平日の朝のみの設定で本数はわずか、線内標準停車駅は急行と同じ。昼間の運行パターンは毎時、特急2往復・急行2往復・普通2往復が基本だ。

富貴以南は各種別とも、河和方面と知多新線の内海方面に1往復ずつが分かれる〝振子型〟で、富貴〜河和間は各1往復となる。太田川〜知多半田間の普通は、知多半田折り返しが2往復加わるため4往復に増える。特急は1200系がメインの一部特別車が基本だが、朝は上り、夕方以降は下りを中心に南加木屋と巽ケ丘、平日朝の下り1本が住吉町に特別停車する。特急は平日の昼間は全車一般車となるが、それを含め通勤型3扉車ほぼ全車種で運用。なお、上下待避線のある阿久比《あぐい》では多くの特急・急行と普通が緩急連絡する。

線内は8両運転も可能だが、ホーム有効長は成岩・河和口と普通しか停まらない駅は6両分しかない。そのため一部列車は、後部2両の扉は締切扱いとしている。

沿線描写　ダイジェスト版

東海市の玄関で3層高架の**太田川**を出ると左にカーブを切り、**高横須賀**を過ぎると地上に下り、斜め南東に直進、掘割を進んで横須賀トンネルを抜け、右カーブで築堤を下ると**南加木屋**。そして、佐布里池に近い**八幡新田**を過ぎると、知多郡東浦町と知多市内をかすめるように進む。進路は南に向き、知多郡阿久比町に入ると名鉄が開発した新興住宅が軒を並べる**巽ケ丘**。小さな駅の**白沢**を過ぎ、知多半島道路をアンダークロスすると車窓左には田園が広がり、**坂部**付近はモダンな田舎町のムード。上下待避線がある**阿久比**は阿久比町の玄関で、駅のすぐ西側には役場がある。この先、平成18（2006）年12月16日に廃止された椋岡駅跡を過ぎると**植大**。半田市に入ると、新美南吉ゆかりの地で「新美南吉記念館」に近い**半田口**、続く**住吉町**は官庁街に近い。そして、市街が都会風になると**知多半田**で、東口にはバスターミナルを併設。JR東海の武豊線、半田駅へは東口から徒歩数分だ。

知多半田から先は東海岸を通る国道247号とほぼ並行する。次の**成岩**を過ぎると高架に上がり、主要地方道34号を跨ぐと**青山**。界隈には郊外型の大型店舗が進出し半田市の新市街に発展した。地上に下り、難読駅の**上ゲ**（あげ）からは武豊町に入る。**知多武豊**は武豊町の玄関で、役場は駅のすぐ西。中部電力武豊火力発電所に近い**富貴**では知多新線が分岐する。昭和の木造駅舎が健在で、構内の藤棚は「武豊町町内名木選」に選定された。富貴を出るとローカルムードが漂う。知多郡美浜町に入り、椋岡と同じ日に廃止された布土《ふっと》駅跡を過ぎると、左手には民家や雑木林の切れ間から三河湾が見える。次の**河和口**は駅のすぐ前が海水浴場、潮干狩りなどにも便利だが、今はクルマが主役に。

河和口からは単線となり、海から離れ緑濃い山林の中を走る。右手に家並みが現れると終点の**河和**。駅はバスターミナルやスーパー併設の総合駅で、豊浜・師崎方面のバス連絡も便利。篠島、日間賀島方面の〝離島航路〟は河和港への無料シャトルバスを利用する。

徳さんのここが気になる

●全車一般車の特急に転換クロスシート車を

河和・知多新線の特急は平日の昼間、全車一般車になる。平成31年3月16日改正で新SR車5700系から、通勤型の6000系・6500系などと交代した。

ライバルのJR武豊線は平成27（2015）年3月1日に電化され、全列車が313系3000番代などの転換クロスシート車が活躍。対名古屋は半田だと運賃は名鉄・JRとも同額、スピードでは名鉄が優位。だが、JR東海には資金と威力がある。名鉄も特急増結用1800系の間合い運用、一部転換クロスシートの3300系初期車の限定運用などで、品質向上を期待したい。

河和線開業90周年記念で走った特別編成　2000系と9500系の併結8連が走る

河和線は令和3（2021）年に開業90周年を迎えた。これを記念して同年6月26日（土）、名鉄名古屋～河和間の一部特別車特急2往復の車両運用を変更し、「ミュースカイ」用の特別車2000系4両と、一般車に最新鋭通勤車9500系4両を連結した特別編成の8連を運行した。

一方、同年12月19日（日）のイベント、「太田川高架10周年記念号」（名鉄名古屋～知多半田間1往復）は、一般車に特急色の3100系2両を連結した6連で運行した。

苦い思い出がある異制度併結編成での非貫通営業は20数年ぶりだったが、イベントだから喜躍抃舞（きやくべんぶ）するものの、社は複数の係員を添乗させ、案内と誤乗防止に努めた。

2000系を前に連結した下り河和行き、2005F＋9505F8連。　白沢～坂部間

異制度併結の非貫通編成の連結部。植大～阿久比間　令和3年6月26日（2枚とも）

河和港からは名鉄海上観光船の高速船が連絡

三河湾に浮かぶ海の幸の宝庫で気軽に〝離島気分〟が楽しめる日間賀島と篠島、美しい海と花の競演が魅力の渥美半島の先端・伊良湖へは、河和港から名鉄海上観光船航路が利用できる。河和港発は朝から夕方までほぼ1～2時間ごと、所要時分は日間賀島へ約20分、篠島へ約30分、伊良湖へは約55分だ。日間賀島は西港と東港があり、両港に寄港する便もあるが大半はどちらかの港に着く。なお、伊良湖まで行く便は本数が少ないので要確認を。まさに河和港は、電車と船がリレーする〝南知多のウォーターフロント〟だ。

〈路線データ〉　河和線　太田川～河和
▽線路＝複線・単線（河和口～河和間）
▽最高速度＝時速100km（単線区間は同75km）
▽閉塞方式＝自動閉塞式　▽保安装置＝M式ATS
▽全通＝昭和10（1935）年8月1日　▽路線名制定＝昭和23（1948）年5月16日（現行区間）

河和港には"離島航路"の篠島・日間賀島、渥美半島先端の伊良湖への高速船が発着

知多新線　知多半島南部の山あいを走る通学路線

区間＝富貴〜内海　営業キロ＝13・9km　路線略称＝KC（河和線と共通）
駅数＝6　運賃計算キロ＝C線（営業キロ程×1・25）新線加算額あり

路線概要●観光拠点？の内海駅は名鉄最南端の駅、でも当面は無人駅に降格

知多半島中央部、東海岸は河和線の富貴で分岐し西海岸へ斜めに横断、南知多町の内海を結ぶのが知多新線。名鉄で唯一、正式名称で「新線」を名乗るのは同線だけ。経緯は、河和線の前身の知多鉄道が名鉄へ合併して「知多線」を名乗った時代があり、それを意識し〝知多の新線〟＝「知多新線」としたようだ。なお、終点の内海は名鉄最南端の駅だ。

沿線には人気の内海海水浴場などもあり観光路線の感もするが、道路整備で観光客はクルマにシフト、現在は半島西海岸南部と名古屋を結ぶ通勤通学路線として機能している。

伊勢湾を望む丘陵地を走る5000系、下り内海行き急行。上野間〜美浜緑苑間

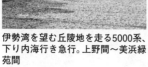

最新ダイヤでの列車運行状況

昭和49（1974）年6月30日に富貴から上野間までが開通。その後は順次延長され、内海まで全通したのは昭和55年6月5日と比較的新しい。丘陵地に敷かれたため高架や掘割を走り、トンネルは7つある。全線単線だが用地とトンネルは複線規格、橋梁は単線だが橋台は複線分を確保。それを利用し昭和61年3月18日、富貴～上野間間に別曽池信号場を設置。配線は一線スルーで北側が直線、列車交換時は上下とも先行列車は左側通行だ。

河和線とは一体化したダイヤが組まれ、大半の列車が同線との直通だ。列車番号は富貴から内海方面が下りで偶数、上りはその逆で奇数。交換可能駅・信号場に安全側線がなく、上下列車の同時進入は不可。ホーム有効長は基本6両だが、内海のみ8両対応だ。

昼間の運行パターンは毎時3往復で、内訳は特急・急行・普通の各1往復。全駅が特急停車駅のため線内は全種別とも各駅停車。特急は一部特別車が基本だが、平日の昼間は全車一般車となる。快速急行は平日の朝に上り1本あり、運用車両は河和線に準じる。

なお、観光客を期待した内海駅は令和2（2020）年5月25日から当分の間、特殊勤務駅から無人駅に降格。地域住民の高齢化で通勤客も減少したが、救世主は名古屋から知多奥田に移転してきた大学・高校で、その教職員が上得意のようだ。

沿線描写ダイジェスト版

富貴を出ると右にカーブし、知多半島の西海岸へ向かう。南知多道路をオーバークロスするところが別曽池信号場。そして、深谷トンネル、上野間トンネルを抜け、知多郡美浜町に入ると西海岸で、まもなく高架ホームから右手に伊勢湾を望む**上野間**。この先、海岸線を眺めながら丘陵地を走り、次の**美浜緑苑**は緑豊かな住宅地の近くにある。この先、小原トンネル、谷トンネルを潜ると**知多奥田**。ここも高架ホームで、駅近くには日本福祉大学の美浜キャンパス・同付属高校があり乗降は多い。また、南知多ビーチランドへも近い。

再び丘陵地を走りミカン山の間を抜けると高架駅の**野間**。源義朝の最期の地、野間大坊へは徒歩約10分。この先、野間から内海までは海辺とは思えないような〝山間〟を走る。途中に小野浦駅が計画されたものの、周辺開発の遅れから〝幻の駅〟のままで、細目トンネルを抜けるとそのホーム？　が見える。これぞ昭和の名鉄の〝置き土産〟か……。

小野浦トンネルのほぼ真ん中辺りから知多郡南知多町に入り、内海トンネルを抜けると終点の**内海**に着く。同駅は２面４線の堂々たる高架駅、８両編成も発着可能な１６５mの2面4線ホームがある。白い砂浜と緑の松林が続く内海海水浴場へは徒歩約20分もかかり、道路整備が進み電車利用客が少ないのは侘しい。

徳さんのここが気になる

●運転系統の再考と列車種別の整理を

河和線の特急・急行・普通は毎時、昼間は各2往復だが、富貴で各1往復が振子型に分かれ、河和か内海発着となる。しかし、知多新線の内海系統は、河和線の終点まで行く河和系統より利用率は低い。

そこで提案だが、昼間のみ特急と普通は各2往復を河和発着とし、半島南部を結ぶバスや河和港からの船便との利便を図る。内海発着は急行2往復だけだが、通学輸送が主体のため輸送力に問題はないだろう。

一方、線内は全駅が特急停車駅だが、全車一般車の特急と快速急行以下は線内を普通に格下げて種別整理し、直通する河和線の富貴以北で各種別を名乗れば理解しやすい。また、杉本美術館が令和3（2021）年10月31日をもって閉館したため、最寄り駅だった美浜緑苑は特急標準停車駅から外すか特別停車とし、一部特別車の特急停車駅を見直したらと思う。拙案だと、種別は一部特別車の特急と普通の2種に整理できる。

●内海駅発着、豊浜・師崎方面の南知多町コミュニティバス

河和駅発着の「海っこバス西海岸線」は、半島を横断して内海駅に立ち寄り西海岸を南下。「魚ひろば」で名高い漁港の豊浜を経由し、半島先端の師崎港に向かう。毎時1往復は走り、内海駅から乗るのもオツである。

〈路線データ〉　知多新線　富貴～内海

▽線路＝単線（複線規格、用地は確保済み）　▽最高速度＝時速100km

▽閉塞方式＝自動閉塞式　▽保安装置＝M式ATS　▽全通＝昭和55（1980）年6月5日

第六章

令和時代の名鉄電車 各路線の現況

西部ブロック

〔犬山線・各務原線・小牧線・広見線・竹鼻線
羽島線・津島線・尾西線・瀬戸線〕

犬山線　地下鉄も乗り入れる名古屋北部のシティライン

区間＝枇杷島分岐点信号場～新鵜沼　営業キロ＝26・8km　路線略称＝IY　駅数＝17
運賃計算キロ＝B線（営業キロ程×1・15）

路線概要

●起点は駅ではなく信号場、ターミナルは名古屋本線の名鉄名古屋駅

名古屋市北部に点在するベッドタウンと名古屋を結ぶシティラインが犬山線。起点は清須市の西枇杷島駅構内にある枇杷島分岐点信号場。ここで名古屋本線と分かれ、北名古屋市から岩倉市、観光文化都市の犬山市を経て、岐阜県各務原市の新鵜沼を結ぶ。

全列車が名古屋本線の名古屋方面に直通し、ターミナルは名鉄名古屋だ。そのため枇杷島分岐点以西の名古屋本線を経由する各駅と、犬山線との乗り換えは東枇杷島～名鉄名古

木曽川うかいの幟が観光文化都市を強調する犬山橋界隈。下り新鵜沼行特急1200系が終着を目指す。　犬山遊園～新鵜沼間

屋間の各駅で、運賃計算は枇杷島分岐点で乗り換えたとみなし、区間外乗車を認めている。

最新ダイヤでの列車運行状況

●名鉄の全種別と地下鉄車両使用の急行も走る

列車番号は直通する名古屋本線に合わせ、枇杷島分岐点信号場から犬山方面が下りで奇数、その逆が上りで偶数。上小田井では名古屋市交通局（名市交）の地下鉄鶴舞線が接続し、相互直通運転を実施している。

列車種別は、「ミュースカイ」、快速特急、特急、快速急行、急行、準急、普通と賑やか。だが、快速特急と特急の線内停車駅は同じ。快速急行と急行も同じだが、快速急行は名古屋本線の栄生を通過する列車を識別する〝称号〟でもある。活躍する車両は電車のほぼ全車種。地下鉄車両も走るのでバラエティ豊かだ。線内最大編成両数とホーム有効長は8両だが、一部の駅は6両分（20m級対応）しかない。

昼間の名鉄名古屋～犬山間の基本運行パターンは毎時、快速特急（特急）・急行、準急、

上小田井駅に進入する犬山線内発の下り豊田市行き地下鉄N3000形6連。左は引上げ線で待機中の名鉄100系6連

普通が各2往復。さらに岩倉折り返しの普通が2往復、上小田井～岩倉間には地下鉄鶴舞線と相互直通運転する普通も1往復（土休日は2往復）加わる。岩倉～犬山間の普通は2往復だが、同区間は準急が各駅に停車し小駅でも毎時4往復の停車本数を確保している。

平日朝のラッシュ時は本数が増え、各務原線から名古屋方面への直通列車も走る。快速急行は平日朝上り2本のみの設定。また、新鵜沼発早朝2本の上り急行（①6時発の豊川稲荷行き、②6時16分発の河和行き）は、特急用一部特別車編成を使用し、特別車も有料営業。このうち、①は名古屋本線の新安城で一部特別車の豊橋行き特急を待避、②は普通しか停車しない中小田井と下小田井にも特別停車する。いずれもユニークな列車だ。

空港アクセスの「ミュースカイ」は朝と夕方から夜間に走るが、線内は座席指定の〝通勤特急〟的性格を有し原則、4両編成を2本連結した8連で運行。平日は満席になる列車も多いが、平日朝の上り2本は新鵜沼発と広見線の新可児発の併結運転だ。

運転系統の基本は特急（快速特急）と急行が新鵜沼発着、準急は犬山から広見線へ直通し新可児発着だ。特急（快速特急）は名古屋本線の豊橋へ直通し下りは快速特急、上りは特急を名乗るが犬山線内の停車駅は同じ。急行と準急は常滑線（～空港線、～河和線・知多新線）へ直通する。このほか、犬山～新鵜沼間には各務原線直通の急行・普通が加わる。

地下鉄鶴舞線直通列車は20m級6両編成で、豊田線用の100系・200系（100系6次車）、名古屋市交通局は最新鋭のN3000形、中堅の3050形だ。最古参の3000形は廃車が加速し、2022年度中にも形式消滅するとか。直通列車は朝の本数は多いが、昼間は毎時1往復、夕方から夜間は同2往復程度。直通区間は犬山までだが、犬山発着は朝と深夜のみ。昼間は岩倉、夕方は平日が柏森、土休日は岩倉発着が基本。原則として犬山線内は普通だが、平日の朝のみ下り方面の地下鉄車両を使用した5本は犬山線内が急行になる。上小田井での両線乗換は上下ともホームタッチで便利だ。

地下鉄車両を使用する急行は平日の朝のみ下り5本ある。3050形の岩倉行き急行。上小田井〜西春間

●令和3年〝減量ダイヤ改正〟のポイント

犬山線内で利用率が低迷していた昼間の「ミュースカイ」を、令和3（2021）年5月22日改正で線内区間を廃止。改正前は昼間、新鵜沼〜中部国際空港間に毎時1往復の設

定だったが、名鉄名古屋発着に運転区間を短縮した。

沿線描写ダイジェスト版（名古屋市敬老パス対象駅＝中小田井、上小田井）

犬山線は大正元（１９１２）年８月６日、今日の名鉄の母体である名古屋電気鉄道の郡部線（郊外線）として、一宮線の枇杷島～西印田間16・５㎞、その岩倉で分岐する犬山線の岩倉～犬山間15・２㎞の開通が嚆矢。大正15年10月１日までに新鵜沼に達した。

さて、枇杷島分岐点信号場で名古屋本線と分かれた電車は、右に急カーブを切りながら築堤を下る。進路を北東に変えたところが西枇杷島駅構内デルタ線（三角地帯）の北側に位置する通称〝下《しも》砂《す》入《いり》信号場〟で、下り本線に隣接し名古屋本線下り方面につながる側線が１本ある。その少し先が清須市内の駅の**下小田井**、界隈には新興住宅が建ち並ぶ。

国道22号と名古屋高速６号清洲線の高架をアンダークロスした先で名古屋市内に入り、高架に上がると**中小田井**。その後、東海交通事業城北線のノッポな高架を潜り、右手から地下鉄鶴舞線が近づくと**上小田井**。名古屋市交通局との共同使用駅だが管理は名鉄。名古屋市北西部の交通の要衝だが、城北線の小田井駅は上小田井駅南口の南東約３００ｍ先だ。

上小田井を出ると新川を渡るが、その中央で北名古屋市に入る。主要地方道62号を高架で跨ぎ、地上に下りると同市の中心の**西春**。東口には県営名古屋空港を結ぶ路線バスが発着。次の**徳重・名古屋芸大**はズバリ名古屋芸術大学への下車駅。春は桜並木が美しい五条川を渡ると岩倉市内で、住宅街の中にあるのが**大山寺**《たいさんじ》。続く**岩倉**は岩倉市の玄関だ。

岩倉を出て国道155号と平面交差すると**石仏**で、駅名は戦国時代からの郷名。その後、江南市内に入って最初の駅が**布袋**。令和2（2020）年5月30日に国道155号バイパスなどを跨ぐ駅周辺1・4kmの高架化が成り、上下待避線もある堂々たる駅だ。まもなく左手には〝布袋の大仏さん〟こと「御嶽薬師尊」という大きな大仏が見えてくる。そして、進路を北東に変えたところが江南市の玄関の**江南**。駅舎と改札口は東西地下通路にあり、西口側には名鉄が展開する商業施設「μPLAT（ミュープラット）江南」がある。

県道175号をアンダークロスすると丹羽郡扶桑町に入る。同町南部に位置する**柏森**は立派な橋上駅で扶桑町の玄関。次の**扶桑**は扶桑町役場に近い。**木津用水**《こつようすい》を過ぎ、駅名の由来の木津用水を渡ると犬山市内。こ

個人の所有だが東大寺の大仏より背が2m高いという“布袋の大仏さん”、犬山線車窓名所の一つでもある。上り河和行き急行9100系ほか。江南〜布袋間

の先は少しだけ扶桑町との接点を通るが、木曽川の河岸段丘を上ると犬山市の旧市街に位置する**犬山口**。まもなく右手から小牧線と広見線が近づき、進路を再び北に向けると**犬山**に到着する。駅ビルを構えた大規模な橋上駅で、観光文化都市・犬山市の玄関にふさわしい様相だ。

郷瀬川を渡り、左手に犬山城が見えてくると愛知県で最北端の駅の**犬山遊園**。同駅は令和2年5月25日から終日無人化され観光ゲートの趣は薄れた。しかし、西口の西方、木曽川河畔には令和4年3月1日、「ホテル・インディゴ犬山 有楽苑《うらくえん》」が開業。従来の名鉄にはなかった魅惑のホテルだ。犬山一帯には博物館明治村、日本モンキーパークなど、名鉄グループの文化・レジャー施設が集積。同ホテルはそれらの活性化の起爆剤になるかも……。

そして、木曽川を渡り岐阜県各務原市に入ると終点の**新鵜沼**で、本線は各務原線に直通する。同駅ではJR東海の高山本線と連絡、北口はJR鵜沼駅、西口は名鉄新鵜沼駅。両駅は長い高架の自由通路「鵜沼空中歩道」で結ばれているが、改札口は別々だ。

犬山城を望む木曽川河畔に「ホテル・インディゴ犬山 有楽苑（うらくえん）」が開業。名門「犬山ホテル」が伝統を継承し生まれ変わった

保存展示されているモノレール線の車両

犬山遊園駅と日本モンキーパークの動物園駅を結んでいたモノレール線は、平成20（2008）年12月28日に廃止された。施設の大半は撤去されたが、動物園駅跡には駅舎やホームを残し、モノレール第1編成のMRM101号車（先頭車）とMRM201号車（中間車）が保存されて〝停車中〟。アクセスは犬山駅東口から岐阜バスを利用する。また、可児市の温泉リゾート「湯の華アイランド」の駐車場には、第2編成の先頭車MRM103号車が鎮座している。アクセスは犬山駅東口などから無料送迎バスが出ている。

日本モンキーパークの旧動物園駅に“停車中”の101＋201、車体の色を銀の地色に赤と白の帯を配した登場時の意匠に復元している

湯の華アイランドの駐車場にあるMRM103、車体塗色は青に変更された

MRM103号車は車内も公開。車窓から木曽川の絶景が眺望できる「モノレール展望台」として大好評だ。公開時間は9～20時

犬山線は競合他社がなく、運賃も割高の〝超ドル箱路線〟

犬山方面から名古屋へ行く場合、名駅なら犬山線で直通し、都心に出るなら上小田井から地下鉄が利用できる。そのため利用客は多いが運賃はB線。賃率が名古屋本線より15％高く設定され、競合他社もない〝超ドル箱路線〟で収支は最上級。ＪＲ東海道本線との〝決戦〟で白旗を上げた名古屋本線の名岐間の減収をカバーし、豊橋発着の快速特急・特急のほぼ半分が新鵜沼へ直通するのはその証《あかし》のようでもある。

徳さんのここが気になる

●快速特急と特急の統合を

犬山線内の快速特急と特急の停車駅は同じ。主に快速特急は下り、特急は上りに設定されているが、名古屋本線と直通する列車が多く、同線での種別をそのまま名乗っている。同じ停車駅なのに上下で種別が異なるのは紛らわしく、犬山線内は両種別を「特急」に統合したらどうだろう。名古屋本線内が快速特急の列車は、下りは神宮前で特急に、上りは名鉄名古屋から快速特急に種別変更すれば識別しやすいと思う。

〈路線データ〉　犬山線　枇杷島分岐点（信）～新鵜沼

▽線路＝複線　▽最高速度＝時速１１０㎞　▽閉塞方式＝自動閉塞式　▽保安装置＝M式ＡＴＳ
▽全通＝大正15（１９２６）年10月１日　▽路線名制定＝昭和16（１９４１）年８月12日
▽沿線の車両基地　犬山検査場（最寄駅は犬山）

各務原線　岐阜市東部と各務原市内を走るタウン電車

区間＝名鉄岐阜～新鵜沼　営業キロ＝17・6㎞　路線略称＝KG（ただし名鉄岐阜はNH、新鵜沼はIY）　駅数＝18　運賃計算キロ＝B線（営業キロ程×1・15）

路線概要

●駅の数でライバルJR高山本線に対抗

岐阜市東部と各務原市内を横断するように走るのが各務原線。全列車が新鵜沼経由で犬山線と直通運転するが、乗客の流れは新那加～三柿野間を境に岐阜へ出て名古屋本線に乗り換える人、新鵜沼経由で犬山線を利用する人に分散するようだ。

全区間でJR高山本線が並走しており、運賃はJRが安いが駅の数が少なく、名鉄は駅の多さと利便性で親しまれている。

各務原線は岐阜・各務原市内の"気軽なアシ"。最新鋭の9500系と最古参6000系が共演することもある。名鉄岐阜

最新ダイヤでの列車運行状況

●朝夕は急行を運転

直通運転する犬山線とは一体化したダイヤが組まれ、列車番号は新鵜沼から名鉄岐阜方面が下りで奇数、その逆が上りで偶数。昼間の運行パターンは毎時、普通のみを①名鉄岐阜〜犬山間に2往復・②名鉄岐阜〜三柿野間に2往復設定。このうち、②は主に9時台までと15時台以降は名鉄岐阜〜犬山間に延長され、新那加〜犬山間は急行になる。朝は名古屋方面や広見線への直通列車も走り、線内全区間が快速急行か急行になる列車もある。

車両は通勤型3扉車のほぼ全車種と特急増結用の1800系なども活躍。線内最大編成両数とホーム有効長は6両だが、普通しか停まらない一部の駅は4両分しかない。

●令和3年〝減量ダイヤ改正〟のポイント

春の5月22日改正で、早朝に上り1本あった三柿野発の「ミュースカイ」を新鵜沼発に変更し、各務原線から同種別が消滅。名鉄岐阜発の終電が23時57分から同46分発に11分繰り上げられた。秋の10月30日改正では、名鉄岐阜〜犬山間で昼間、主に10〜14時台を対象に毎時、三柿野〜犬山間が急行になる2往復を廃止し、名鉄岐阜〜三柿野間の普通に格下げした。これにより三柿野〜新鵜沼間は昼間、普通のみ毎時2往復の運転となった。

沿線描写ダイジェスト版

各務原線の前身は各務原鉄道だ。大正15（1926）年1月21日に安良田《あらた》（現＝名鉄岐阜の東）〜補給部前（現＝三柿野）間の開通が嚆矢で、軍需色が濃い路線だった。

各務原線のターミナルは**名鉄岐阜**。同線は地上ホームの5、6番線に発着する。同駅を出ると下町を走り、S字カーブが続く時速40㎞の速度制限区間を抜けると**田神**。荒田川を渡り、のち高架に上がってJR高山本線を跨ぎ、国道156号をオーバークロスしたところが**細畑**。地上に下り住宅街の中の駅が**切通**。この先、**手力**、**高田橋**と小駅が続く。

各務原市内に入って最初の駅が**新加納**。**新那加**は各務原市の繁華街に位置する。桜の名所、新境川を渡ると**市民公園前**。次は**各務原市役所前**で市役所は駅のすぐ南側。近くには航空自衛隊岐阜基地がある。**六軒**は開業当初、界隈に六軒の民家しかなかったことが駅名の由来とか。まもなく国道21号をアンダークロスし、その陸橋下近くが**三柿野**。続く**二十軒**の由来も六軒に準じる。次は**名電各務原**だが「名電」とは名鉄電車の略称でJRとの識別。ひらがなにすると名鉄は「かかみがはら」、JRは「かがみがはら」と読む。

この先は山裾に緑が広がり田園風景が美しい。難読駅の**苧ケ瀬**《おがせ》を過ぎ、次の**羽場**は各務原台地の東端に位置し、木曽川の河岸段丘を線内最高勾配の33・3‰で一気に下る。右手南方に国宝犬山城が見えてくると、左手には高山本線が迫る。中山道52番目の宿場町に由来する**鵜沼宿**を過ぎ、主要地方道27号と平面クロス、大きく右にカーブし進路を南向きに変える途中にある駅が**新鵜沼**。各務原線が発着する1、2番線は中間駅の感覚だ。

徳さんのここが気になる

●割高運賃に見合う輸送サービスを……

各務原線は全区間でJR高山本線と並行する。だが、運賃は岐阜(名鉄岐阜)~鵜沼(新鵜沼)間がJR330円・名鉄460円、同~那加(新那加)だとJR210円・名鉄300円など、名鉄はJRより約4割も高い。高山本線は単線・非電化だが、昼間でも普通を毎時2往復運転。車両も転換クロスシート装備のキハ75形かキハ25形を投入するなど意欲的だ。名鉄は列車本数や駅の多さで利便性を強調してきたが、令和3年の減量ダイヤでは昼間、一部区間で本数を5割も削減。待ち時間がJRと同じなら、安いJRに客がシフトするのは自然現象。割高運賃に見合う生活ダイヤの工夫を切望する。

〈路線データ〉　各務原線　名鉄岐阜~新鵜沼

▽線路=複線　▽最高速度=時速100km　▽閉塞方式=自動閉塞式　▽保安装置=M式ATS
▽全通=昭和3(1928)年12月28日　▽路線名制定=昭和10(1935)年3月28日

小牧線　名古屋の北東部を走る地下鉄直通のタウントレイン

区間＝上飯田〜犬山　営業キロ＝20・6㎞　路線略称＝KM（犬山はIY）
駅数＝14　運賃計算キロ＝B線（営業キロ程×1・15）

路線概要

●地下鉄上飯田線と相互直通運転を実施

小牧線は名古屋市北区の上飯田から春日井市、小牧市を経て犬山に至る。名古屋市交通局（名市交）の地下鉄上飯田線と相互直通運転を行い、地下鉄名城線（2号線）と連絡する平安通を結ぶ。平安通〜味鋺《あじま》間は第三セクターの上飯田連絡線（株）が第三種鉄道事業者で、名市交が地下鉄上飯田線として平安通〜上飯田間1㎞（営業キロは0・8㎞）を、名鉄が小牧線として上飯田〜味鋺間2・3㎞を第二種鉄道事業者として運営している。

小牧以南は複線で朝夕は列車本数も多い。快走する300系4連。春日井〜味美間

最新ダイヤでの列車運行状況

小牧線は昭和6（1931）年2月11日、名岐鉄道時代に上飯田～新小牧（のちの小牧・昭和20年5月1日改称）間9・7kmの開通が嚆矢。その後の歴史は複雑で前作を参照。

列車番号は上飯田（平安通）から犬山方面が下りで奇数、その逆が上りで偶数。全列車が普通で運転間隔は15分ごとが基本。ただし、複線区間の上飯田（平安通）～小牧間は平日朝のラッシュ時は最大7～8分ごと、夕方ラッシュ時は10分ごと。上飯田線の運転は名鉄に委託され、平安通まで名鉄の運転士が担当、両社局ともワンマン運転だ。

電車は専用車を使用し、名鉄は300系・名市交は7000形が活躍。20m級車両の4両編成で車体はステンレス製、車内は転換クロスシートとロングシートをほぼ半々に前後で配置し、名市交の7000形は保守を名鉄に委託。なお、平安通と上飯田には可動式ホーム柵を設置。ホーム有効長は20m級4両だが、平安通、上飯田、味鋺は同6両分ある。なお、味鋺～上飯田間は名鉄の新線区間だが、加算運賃を適用していない。

上飯田駅には今のところ、名鉄の駅では唯一の可動式ホーム柵が設置してある

沿線描写ダイジェスト版　（名古屋市敬老パス対象駅＝上飯田、味鋺）

平安通から犬山行きに乗ってみよう。地下鉄上飯田線は延長0・8㎞、日本の地下鉄では最も短い路線、わずか2分で**上飯田**に着く。同駅は名鉄・名市交との共同使用駅で管理は名鉄。上飯田連絡線開通前の高架駅より約200m南方へ移転した。

上飯田を出ると堀川、矢田川、庄内川の川底を単線並列のシールドトンネルで潜り、地上に出てスロープを上ると**味鋺**。堂々たる橋上駅舎を構えるが無人駅だ。春日井市内に入って高架をアップダウンすると**味美**《あじよし》。同駅は令和2（2020）年6月27日に方面別駅舎を新設。島式1面2線ホームと跨線橋を廃止し、2面2線の相対式ホームに改築され駅東口も新設。駅舎はバリアフリー化され、春日井市西部の都市交流拠点として面目を一新した。次の**春日井**はJR中央本線の駅と同じ駅名だが、歩行距離は最短でも約6㎞は離れている。その後、少しだけ小牧市内を走るが、西行堂川《さいぎょうどうがわ》を渡ると再び春日井市内に入り**牛山**に停車。左手に資材置き場？　と化した間内車庫の予定地を見ながら北進すると、小牧市との境界に位置する**間内**。駅の脇には戦国の武将、浅井長政の像が立っている。

まもなく小牧市内に入り、高架に上がって掘割へ下ると**小牧口**。同駅は半地下構造で、ここからは地下を走り**小牧**に着く。駅は地下だが、西口地上には名鉄小牧ホテルを併設した立派な駅ビルを構え、小牧市の玄関の様相を呈している。

小牧以北は単線で、地上に出て掘割を走る。東名高速道路を潜ると高架に上がり**小牧原**は高架駅。続く**味岡**は複線構造の高架駅だが線路は下り側のみに敷設。地上に下りると豊年祭の田縣《たがた》神社に近く、交換可能で令和3年8月1日に無人化された**田県神社前**だ。

犬山市内に入って最初の駅は交換可能な**楽田**。手前の田縣神社と対をなす〃姫の宮さん〃こと大縣神社への最寄り駅だ。五条川を渡ると**羽黒**で、のち国道41号をオーバークロス、その高架上が交換可能な五郎丸信号場。高架を下って新興住宅を見ながら走り、右手から広見線、左手からは犬山線が近づくと終点の**犬山**に到着する。

小牧線に乗り入れた名古屋市交通局上飯田線用7000形。田県神社前～楽田間

小牧線の電車は転換クロスシートとロングシートをほぼ半々に前後で配置

徳さんのここが気になる

●上飯田線は高岳経由で名駅乗り入れを…

地下鉄上飯田線は平成4（1992）年の運輸政策審議会第12号答申で、将来は桜通線の高岳から東新町を経由し、名古屋市中区の丸田町付近まで延長する計画があった。しかし、名古屋市は桜通線の徳重延長開業以降、新路線の建設と既存路線の延長は行わないと表明。上飯田線の都心延長は幻と化した。

だが、小牧線の将来を考えると、上飯田線はせめて高岳まで延長し桜通線と接続。一部列車を桜通線に乗り入れ、名古屋まで直通させれば小牧から名駅まで鉄道による新ルートが確立される。途中、森下に駅を設ければ瀬戸線とも連絡、平安通と大曽根の2回乗換が1回で済みダブル効果も期待できよう。桜通線の名古屋駅はJR名古屋駅の直下、東海道新幹線や将来はリニア中央新幹線との連絡も可能だ。夢の提言だが、運審も高岳を通るルートは計画線として答申しており、名古屋市民の一人として実現を切望したい。

〈路線データ〉　小牧線　上飯田～犬山

▽線路＝複線（上飯田～小牧間）・単線（小牧～犬山間）▽最高速度＝時速95㎞（上飯田～味鋺間は時速75㎞）
▽閉塞方式＝車内信号式（上飯田～味鋺間）、自動閉塞式（味鋺～犬山間）
▽保安装置＝ATC（上飯田～味鋺間）、M式ATS（味鋺～犬山間）
▽全通＝昭和6（1931）年4月29日　▽路線名制定＝昭和23（1948）年5月16日（旧大曽根線を小牧線に改称）　▽上飯田連絡線開業＝平成15（2003年）3月27日（第三種、名鉄は第二種）

広見線　名古屋のベッドタウンとして発展した可児市への速足《はやあし》

区間＝犬山〜御嵩　営業キロ＝22・3㎞　路線略称＝ＨＭ（ただし犬山はＩＹ）
駅数＝11　運賃計算キロ＝Ｃ線（営業キロ程×1・25）

路線概要　新可児を境に運転系統を分割

愛知県犬山市から愛岐トンネルを潜って岐阜県可児市を通り、旧中山道の宿場町・御嵩町に至る広見線は、名鉄最北の路線だ。途中、ＪＲ東海の太多線と連絡する新可児までは複線で都市近郊線の様相。新可児〜御嵩間は単線のローカル線で、運転系統も分かれる。

ちなみに、可児市は昭和57（1982）年4月1日に誕生。新広見駅はこの日、新可児に駅名改称された。

現在、広見の地名は可児市中心部の町名に存在するが、広見という駅名は存在しない。そのような背景から、広見線は昔の名前を踏襲しているのも興味深い。

広見線の特急は土休日の朝、上りのみ3本運転。停車中は豊橋行き一部特別車の特急、1200系6連。左は朝はツーマン運転の御嵩発上り普通、特急色3100系2連。　新可児

最新ダイヤでの列車運行状況

●平日の朝は名古屋方面へ「ミュースカイ」を運行

列車番号は犬山から新可児・御嵩方面に向かう列車が下りで奇数、その逆は上りで偶数。普通列車がメインで、昼間の運行パターンは毎時、犬山〜新可児間は4往復。うち2往復は犬山線の名古屋直通で、犬山でスイッチバックし中部国際空港発着の準急となるが、犬山では名古屋方面の快速特急・特急と連絡する。新可児〜御嵩間は毎時2往復で、新可児では前述の犬山線直通と連絡。同区間は朝10時までを除き原則ワンマン運転だ。なお、新可児駅は終端式ターミナルで、両方面相互間は同駅で乗り換えとなる。平日の朝は普通の本数が若干増えるほか、全車特別車の「ミュースカイ」が上りのみ2本加わる。また、土休日の朝には一部特別車の豊橋行き特急が上りのみ3本走る。

車両は通勤型3扉車ほぼ全車種が活躍するが、新可児〜御嵩間のワンマン列車は6000系の運賃箱装備車を使用。方向幕は種別（普通）のみを標示し、行先は系統板を掲出。

ちなみに、明智〜御嵩間の無人駅へは駅集中管理システムの導入が見送られ、新可児駅の「のりかえ改札口」では蒲郡線と同じ取扱を実施。同区間は交通系ＩＣカードが未対応のため、代替割引措置として「広見線回数きっぷ10《テン》」を設定している。

●令和3年〝減量ダイヤ改正〟のポイント

令和3（2021）年5月22日改正で、夕方～夜間に犬山線から新可児へ直通していた「ミュースカイ」をすべて廃止。広見線内の下りは全列車が普通となる。また、犬山～新可児間の普通は、犬山発深夜0時06分を廃止し、終電は23時52分発とした。また、秋の10月30日改正では、夜間22時台の犬山発を4本から2本に、新可児発は2本を1本に削減した。

沿線描写ダイジェスト版

広見線の前身は、犬山～新可児間が名古屋鉄道（初代）今渡線、新可児～御嵩間は東美鉄道だ。現在の路線になったのは、御嵩駅が現在地へ移転した昭和27（1952）年4月1日である。

●犬山～新可児間

犬山では南向き、名古屋方向に出発。すぐ左にカーブし進路を北東に変える。犬山市北東の住宅街の**富岡前**を過ぎ、継鹿尾山を眺めながら進むと**善師野**。愛知と岐阜の県境は73・28mの愛岐トンネルで抜け、岐阜県可児市に入ると**西可児**。可児川を渡り、大きな工場の前に木造駅舎が残る**可児川**。続く**日本ライン今渡**はかつて、川下り舟の川港《かわみなと》への中継駅として賑わったが、今はふつうの都市型無人駅。そして、ＪＲ太多線をオーバークロスし右にカーブ、左手から御嵩方面の線路が迫ると**新可児**。ＪＲ可児駅はすぐ隣である。

●新可児～御嵩間

御嵩行きは犬山方面と同様、北向きに発車。進路を東向きに変え、平成17（２００５）年1月29日廃止の学校前駅の跡を過ぎ、国道21号の可児御嵩バイパスをアンダークロスすると**明智**。交換可能駅で大正９（１９２０）年築のレトロな木造駅舎が現役（写真は２３６頁参照）。界隈は戦国の武将・明智光秀の出生地との伝説もある。八百津線代替バスの〝ＹＡＯバス〟は駅前に発着する。

明智を出ると可児郡御嵩町に入り、まもなく**顔戸**《ごうど》。続く**御嵩口**はかつての終点で構内は広い。次は終点の**御嵩**、旧中山道の御嶽宿の玄関で、レトロムード漂う郷愁の終着駅でもある。

御嵩駅は三角屋根の木造駅舎が愛らしい

徳さんのここが気になる

●惜しまれた名鉄資料館の閉館

歴史を物語る貴重な文書や資料、鉄道の機器類などを保存していた「名鉄資料館」（岐阜県可児市）が令和2（2020）年12月末で閉館した。日本ライン今渡駅北東の木曽川河畔にあった名鉄の教習施設に併設されていたが、同施設の移転で閉館した。社の私的資料館だが、事前予約をすれば部外者も見学できた。閉館の理由は建物の老朽化だが、常勤社員が複数で勤務するなど維持費の問題もあったようだ。資料などは倉庫へ移設されたが、明治村などの博物館で一般公開を再開すれば、観光文化発展の一助にもなろう。

●広見線直通列車の種別変更と、特急接続列車の再考を

名古屋方面から直通する〝新可児準急〟は広見線内が普通だ。上下とも犬山で犬山線の快速特急・特急と接続し、対名古屋は犬山で緩急連絡する。これでは名古屋直通の効果が薄く、〝新可児準急〟は急行に、〝新鵜沼急行〟は準急に変更し、快速特急・特急は広見線の線内折り返しの普通と連絡させたらと思う。

〈路線データ〉　広見線　犬山〜御嵩

▽線路＝複線・単線（新可児〜御嵩間）　▽最高速度＝時速90km（犬山〜新可児間のみ）
▽閉塞方式＝自動閉塞式　▽保安装置＝M式ATS
▽全通＝昭和27（1952）年4月1日　▽路線名制定＝昭和4年（1929）年1月22日

竹鼻線　羽島線　岐阜地区の〝羽島地域〟で親しまれている生活電車

「竹鼻線」区間＝笠松～江吉良《えぎら》　営業キロ＝10・3km　駅数＝9
「羽島線」区間＝江吉良～新羽島　営業キロ＝1・3km　駅数＝2
路線略称＝TH（両線共通、ただし笠松はNH）
運賃計算キロ＝C線（営業キロ×1・25）、羽島線は新線加算額あり

路線概要

●新幹線連絡は過去の栄光、今は地域の生活電車

竹鼻線は名古屋本線と連絡する笠松を起点に羽島市内の江吉良へ、この先は羽島線として東海道新幹線の岐阜羽島駅前の新羽島を結ぶ。両線は一体化して運営され、一時は〝新幹線連絡〟の役目も担ったが、時代の空気が変わり、岐阜地区は〝羽島地域〟での生活電車と化した。

竹鼻線は毎時4往復の運転、電車も新型車が入線することが多い。上り改札口が特殊扱いの南宿駅で交換する9100系2連の下り（右）と3150系2連の上り（左）

最新ダイヤでの列車運行状況

●笠松～新羽島間の折返し運転が基本

竹鼻線と羽島線は一体化したダイヤが組まれ、列車番号は笠松で連絡する名古屋本線に合わせ、竹鼻・新羽島方面は下りだが偶数、その逆は上りで奇数。線内最大編成両数は4両。活躍する電車は通勤型3扉車のほぼ全車種。平日の朝は4連、その他は2連が多い。

笠松～新羽島間の折り返し運転が基本だが、早朝の上り、深夜は下り終電が羽島市役所前発着となる。両線内とも全列車が普通で、運転本数はほぼ終日、毎時4往復。名古屋本線直通列車は、早朝と平日の深夜に車両の送り込みを兼ね、名鉄岐阜発のみがある。

なお、両線で出札係員が配置されているのは竹鼻線の笠松と羽島市役所前のみ。羽島線の終点の新羽島はモダンな駅舎を構えているが、平成19（2007）年11月20日から駅集中管理システムを導入し都市型無人駅となる。その後、高架ホームへはエレベーターが設置された。

●令和3年〝減量ダイヤ改正〟のポイント

令和3（2021）年5月22日改正で、平日の15時～20時台に設定されていた名古屋本線直通列車をすべて笠松発着に変更。続く秋の10月30日改正では土休日の新羽島発21～22

時台の同2本を笠松止まりとし、平日22時台の笠松〜新羽島間の1往復を間引きした。

沿線描写ダイジェスト版

●竹鼻線　笠松〜江吉良間

竹鼻線は大正10（1921）年6月25日、新笠松（→笠松→現＝西笠松）〜栄町（現＝竹鼻）間7・8㎞が竹鼻鉄道の手で開通。昭和4（1929）年4月1日には栄町〜大須間8・4㎞を延長した。現在の起点の笠松（旧新笠松〈二代目〉）に達するまでの経緯は複雑だが、名鉄への合併は昭和18年3月1日で笠松〜大須間が竹鼻線となる。このうち、江吉良〜大須間は平成13（2001）年10月1日に廃止された。

さて、新羽島行きは笠松駅の1番線から発車する。同駅は配線の都合で名古屋本線に直通できるのは下り岐阜方面だけ。**笠松**を出ると右へカーブし進路を南西へ。民家や商店の裏をガタゴト走ると役場へ近い**西笠松**。その後、築堤を上って主要地方道14号をオーバークロス。進路を西に向けると**柳津**、1面1線のコンパクトな駅だがモダンな駅舎と駅前広場がある。同駅を出ると南西に向きを変え、のち羽島市内に入る。

次の**南宿**も駅舎は上下別々だが、上り笠松方面は用地の都合でホーム上に駅舎があり、一旦、無札でホームに入ったのち、駅舎内の改札機を通るというユニークな配置。この先、**須賀**にかけては田畑が目立ち、**不破一色**を出ると緩く右にカーブし、進路が西に向くと**竹鼻**だ。前身の竹鼻鉄道時代には本社が置かれ、まだ現役の木造駅舎が往時を彷彿とさせる。そして、逆川を渡ると進路を南へ向け、まもなく**羽島市役所前**に着く。市役所は駅の東に位置し徒歩数分。廃止された大須方面への代替バスは駅前に発着している。

羽島市役所前を出ると高架に上がり主要地方道1号をオーバークロスする。次の**江吉良**は竹鼻線の終点であり羽島線の起点で、ホーム中ほどの線路脇には羽島線の0キロポストが立つ。単式ホーム1面1線の無人駅で中間駅の様相、駅舎はミニだが大きな丸窓が特色。

●羽島線　江吉良〜新羽島間

江吉良からは羽島線に入る。左手に大須方面の廃線跡を見ながら右へカーブし、堂々たる高架に上がると進路は西へ。まもなく左手から東海道新幹線が迫り、緩く右にカーブし並走すると終点の**新羽島**だ。駅は東海道新幹線の岐阜羽島駅の北側に隣接している。

新羽島駅は東海道新幹線の岐阜羽島駅の前。新羽島駅に停車中の3150系。後方は新幹線N700系上下「こだま」

新幹線連絡が売りものだった羽島線はなぜ衰退したのか…

岐阜市周辺から新幹線に乗車する人の多くは、「のぞみ」が停車する名古屋へ出ている。東海道本線の「快速」は岐阜〜名古屋間を約20分で疾駆、名鉄で新羽島を経由するより速い。また、岐阜羽島駅から乗車する人はマイカー族が多く、駅近隣の格安駐車場を利用している。これぞ羽島線が衰退した最大の要因かも。

徳さんのここが気になる

●大須方面の電車代替バスの利用促進を

大須方面へは羽島市役所前駅から羽島市コミュニティバス南部線を利用する。運賃は一乗車100円と格安。本数は電車時代より減ったが、昼間も毎時1本はあり、ダイヤも等時間隔で分かりやすい。しかし、利用客は少なく今後の動向が懸念される。代替バスは地元自治体が地域の足を確保するために運行している。マイカー時代とはいえ、休日にはバスに乗って買い物などに出かけてみてはいかがだろうか。

〈路線データ〉　竹鼻線　笠松〜江吉良　羽島線　江吉良〜新羽島

▽竹鼻線全通＝昭和4（1929）年4月1日　▽竹鼻線路線名制定＝昭和18（1943）年3月1日
▽羽島線全通・路線名制定＝昭和57（1982）年12月11日
▽線路＝単線　▽最高速度＝竹鼻線・時速90㎞、羽島線・時速70㎞
▽閉塞方式＝自動閉塞式　▽保安装置＝M式ATS

津島線　いなか電車から都市近郊線に発展

区間＝須ケ口～津島　営業キロ＝11・8km　路線略称＝TB（須ケ口はNH）
駅数＝8　運賃計算キロ＝B線（営業キロ程×1・15）

路線概要

●濃尾平野西部をほぼ一直線に走る

津島線は清須市の玄関、名古屋本線の須ケ口を起点に、あま市から愛西市東部を通り、日本三大川祭の一つ、津島神社の「尾張津島天王祭」で名高い津島市に至る都市近郊線。沿線は田園地帯だったが、その多くは宅地開発が進み、名古屋のベッドタウンと化した。

津島線は都市近郊線に発展したが、まだローカルムード漂う昔の風景も残る。青塚～勝幡間を走る下り普通3150系4連(2+2)

津島では尾西線と連絡するが、津島駅の配線が尾西線と共用の1面2線しかなく、原則、津島線は尾西線の佐屋方面へ直通し、回送列車も隣の日比野まで行き折り返すことが多い。優等列車は特急・急行・準急が走るが、線内停車駅は3種別とも同じ。

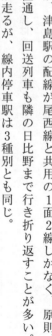

最新ダイヤでの列車運行状況

●特急は平日夕方の下りのみ運転

列車番号は名古屋本線に合わせ、名鉄名古屋から須ケ口を経て津島方面が下りで奇数、その逆が上りで偶数。活躍する電車は4扉車を除くほぼ全車種。線内最大編成両数は8両。

昼間の運行パターンは毎時、普通4往復が基本。うち2往復は名古屋本線直通（名鉄名古屋から急行）、もう2往復は須ケ口発着だが須ケ口で名古屋本線との連絡がある。

朝夕は増発されるが、須ケ口発下り平日6・7時台（土休日は8・9時台）と平日の15～20時台は毎時、普通を5～6本。津島発上り平日6～8時台は普通を毎時5～6本、同土休日は毎時、準急2本と普通4本。平日の16～20時台も準急2本（21時台は急行・準急各1本）と普通4本。急行は須ケ口発着が少し。特急は平日の下りのみで、須ケ口発18～21時台に一部特別車の特急が名古屋方面（内海始発）から毎時1本、尾西線の佐屋まで運行。

●令和3年〝減量ダイヤ改正〟のポイント

平日の夕方と土休日の昼間、豊明～佐屋間に毎時2往復設定していた普通（下りは神宮前まで準急、上りは名鉄名古屋から準急）を、5月22日改正で土休日の昼間の運転を中止。

そして、津島線内は昼間、土休日の毎時6往復を平日と同じ4往復に整理した。

沿線描写ダイジェスト版

津島線は現在の名鉄の母体である名古屋電気鉄道時代に、郡部線（郊外線）として大正3（1914）年1月23日、枇杷島橋（現＝枇杷島分岐点信号場）～新津島（現＝津島）間13・9㎞が一気に開通。その後、枇杷島橋～須ケ口間2・2㎞は昭和16（1941）年8月12日に名岐線（現＝名古屋本線）に編入。須ケ口が起点になった。

令和時代の津島線は、沿線が名古屋のベッドタウンとして発展。平日朝の上りは8両編成も走る。線内ホーム有効長は8両が基本だが、夕方は利用客が分散するため、甚目寺、七宝、木田、青塚、勝幡の各駅下りは6両対応となっている。

さて、**須ケ口**を出た電車は、名古屋本線と分かれ大きく左へカーブし五条川を渡る。あま市に入ると線路はほぼ一直線に西へ延び、尾張四観音の一つ〝甚目寺観音〟こと鳳凰山《ほうらいさん》甚目寺に近い**甚目寺**に停車。あま市甚目寺庁舎は駅の北西にある。界隈にはまだ、古い民家や水田が残りローカルムードが漂う。名古屋第二環状自動車道をアンダークロスし、次の**七宝**は七宝焼の発祥地。続く**木田**はあま市の玄関で、市役所への最寄り駅だ。その後、〝西尾張中央道〟こと県道65号をアンダークロスした先で一旦津島市に入る。**青塚**は津島市の北東部に位置し、駅のすぐ北側はあま市だ。

日比川を渡ると愛西市に入り、進路を南西に変える。まもなく**勝幡**で、駅本屋北側の駅前広場には織田信秀・土田御前夫婦の銅像が建ち、妻が抱く赤子の吉法師はのちの織田信長とか。ちなみに、日光川の畔《あぜ》の勝幡城址は信長生誕の地との一説がある。その日光川を渡り、高架に上がって県道79号をオーバークロスすると**藤浪**だ。

藤浪を出ると津島市内だが、少しだけ愛西市内を通る。再び津島市に入ると左右に郊外型店舗が増え、右手から尾西線が迫り合流すると**津島**に着く。全国天王総本社の「お天王さま」こと津島神社は駅の西方約1㎞。駅前の〝昭和の温もりを感じさせる参道〟「天王通」では、ウインドウショッピングを楽しみながらの散策もオツである。

勝幡駅北側の駅前広場には織田信秀・土田御前夫婦の銅像が建ち、妻が抱く赤子はのちの織田信長とか

津島線の中枢、津島駅。小振りな駅ビルを併設する

徳さんのここが気になる

●津島駅の駅前再開発を期待する

津島線と尾西線、名鉄バスの対名古屋との基幹路線が発着する津島駅は、尾張西部の交通の要衝。小振りながらも駅ビルを構え、駅前広場もある。だが、駅ビルや高架下店舗の大半は撤退。併設の名鉄バス車庫（津島自動車営業所）も平成9年に移転し、駅前は大半が駐車場と化している。

現在の津島駅は、名古屋電気鉄道（初代名鉄）が設置した新津島駅（大正3年1月23日開業）と、同駅の南東約200mにあった尾西鉄道の津島駅を、同社が名鉄（同）へ合併後の昭和6（1931）年10月25日に統合したもの。地上時代のホームは島式2面4線、さらには貨物ホームや留置線もあり、構内は広かった。

昭和43年5月3日には津島駅付近1・6キロの高架化が完成。しかし、構内は1面2線のシンプルな配線となり、用地の多くは前述の施設に整備された。

それから半世紀以上、駅ビルは老朽化したが、広大な土地を活かした再開発で都市機能を集約し、津島市の玄関としての面目を一新してもらいたい。

〈路線データ〉　津島線　須ケ口～津島

▽線路＝複線　▽最高速度＝時速105km　▽閉塞方式＝自動閉塞式　▽保安装置＝M式ATS

▽全通＝大正3（1914）年1月23日

▽路線名制定＝大正3（1914）年1月23日　※現行区間での制定は昭和16（1941）年8月12日

尾西線　名鉄の営業路線で歴史は最古、運転系統は三分割

区間＝弥富〜玉ノ井　営業キロ＝30・9㎞　路線略称＝BS（ただし、弥富〜津島間はTB、名鉄一宮はNH）　駅数＝22　運賃計算キロ＝C線（営業キロ程×1・25）

路線概要

●名鉄の営業路線では最古の歴史を誇る老舗ローカル線

尾西線の前身は尾西鉄道で、明治31（1898）年4月3日の弥富〜津島間8・3㎞の開通が嚆矢。名鉄の営業路線では最古の歴史を誇る。起点は三重県との県境に近い愛知県弥富市の弥富で、濃尾平野の西部外縁を通り愛西市、津島市、稲沢市を経て一宮市に至るローカル線だ。津島では津島線、名鉄一宮では名古屋本線と連絡し、一宮市木曽川町の玉ノ井を結ぶ。路線の性格上、運転系統は3つに分かれ、全線通し運行の列車はない。

黄金色に染まったイチョウ並木を眺めて走る下り津島行きワンマン列車6800系2連。玉野〜山崎間

最新ダイヤでの列車運行状況

●路線は2つ、運転系統は3つに分割

路線は津島を境に弥富〜津島間、津島〜玉ノ井間の2つに大別。前者は津島線の延長の格好で路線略号も同線と同じ。運転系統は、①弥富〜津島間。津島以北は名鉄一宮を境に、②名鉄一宮〜津島間、③名鉄一宮〜玉ノ井間の3つに分割。列車種別は①を除き普通のみ。列車番号は、津島から弥富方面が下りで奇数、その逆は上りで偶数。津島以北は名鉄一宮・玉ノ井方面が奇数だが上り、その逆は偶数で下り。平日の朝に名鉄一宮から津島線への直通列車が3本あるが、津島で佐屋方面からの列車と併結し列車番号を変更。②と③は平日朝の一部を除き原則ワンマン運転だが、運転士が運賃収受をしない都市型ワンマンだ。

昼間の運行パターンは毎時、①弥富〜佐屋間2往復・佐屋〜津島間4往復。②津島〜森上間2往復・森上〜名鉄一宮間4往復、③名鉄一宮〜玉ノ井間2往復。①の運行形態は津島線に準じる。朝夕はいずれも増発され、津島〜森上間も毎時4往復になる。

●令和3年〝減量ダイヤ改正〟のポイント

津島〜森上間は10月30日改正で、10〜14時台の運行本数を毎時4往復から2往復に削減

し30分間隔とした。同区間は複線だが、田園地帯でもあり昼間の利用客は少ない。

沿線描写ダイジェスト版

●弥富〜津島間

起点の**弥富**はＪＲ東海・関西本線との共同使用駅。尾西線は３番線に発着し、関西本線の上り名古屋方面とはホームタッチで連絡、尾西線は関西本線の下りと同じ向きで発車する。同駅はＪＲ東海が業務を行い東海交通事業に業務委託（桑名駅管理）。自動券売機は１台でＪＲと共用のため、名鉄の切符もＪＲ地紋の磁気券で発行されるのがユニーク。また、名鉄の一部乗車券類の取り扱いはせず、早朝・夜間などの出札係員不在時は、ＪＲの集中旅客サービスシステムで対応。なお、名鉄の連絡先は名鉄一宮駅を案内している。

さて、弥富を出るとすぐ右へカーブし進路は北へ。高架に上がり、平成18（２００６）年12月16日に廃止

起点の弥富駅はJR東海・関西本線との共同使用駅。中線で待避中の“道産子”DF200形重連の石油列車（油タキ返空）と顔を会わせた尾西線6500系4連

された弥富口駅跡を通過。東名阪自動車道をアンダークロスし地上に下り、〝小学校5年3組〟のような駅名の**五ノ三**に停車する。

愛西市に入ると高架に上がり国道155号をオーバークロス、地上に下りると愛西市の玄関の**佐屋**、市役所へも近い。ここからは複線で津島線とは一体化したダイヤが組まれ、平日の夕方には下りのみだが一部特別車の特急も走る。そして、昔ながらの繊維工場が残る**日比野**を過ぎると津島市に入り、高架に上がると**津島**。津島市は海部津島広域行政圏の中心で、同駅はその玄関だ。佐屋、弥富方面からの列車はすべて津島線に直通する。

●津島〜名鉄一宮間

運行系統上、津島以北が事実上の尾西線となる。津島駅は尾西線と津島線の列車を1面2線の島式ホームで運用。尾西線の上り名鉄一宮行きは、津島線の上下列車のすき間に入るため、列車によって発着番線が変わる。同駅構内では、配線の都合で尾西線側は一旦単線になるが、すぐ複線に戻って北上を始める。

津島駅は島式ホーム1面2線に津島線と尾西線の列車が発着。上りは2線とも折返しが可能で、尾西線上り名鉄一宮方面は時間帯により発着番線が変わる

地上に下りると津島市と愛西市の境界近くに位置し、愛西市内の**町方**。主要地方道79号をアンダークロス、領内川を渡ると稲沢市内で**六輪**に停車。その後、また愛西市に入ると**渕高**。線路は田畑が広がる開放的なムードの中を直進し、再び稲沢市に入って**丸渕**。次の**上丸渕**を出ると集落の手前で単線になる。ここは森上駅の構内だが、用地買収の都合で単線のまま残ったとか。**森上**は稲沢市西部、旧祖父江町の玄関で、交換設備と折り返し線もある2面3線の〝大きな駅〟。善光寺東海別院は駅の西方、車で数分だ。

車窓はローカルムードがより濃くなる。祖父江地区は日本一のギンナンの産地で、次の**山崎**付近では11月中旬ごろ界隈が黄金色に染まる。まもなく一宮市内で、線路は右にカーブを切り、斜め北東に進路を変える。**玉野**を過ぎて日光川を渡り、東海道新幹線をアンダークロスすると**萩原**。続いて国道155号をアンダークロス、名神高速道路の高架脇が**二子**。そして、**苅安賀**の東では東海北陸自動車道の高架が被い重なり、その下で主要地方道14号と平面クロスする。近くの寺が駅名になった**観音寺**を出ると高架に上がり、家並みが増

名鉄一宮駅の尾西線は1番線に発着。ホーム中央を境に、列車は津島方面が南側、玉ノ井方面は北側に停車する。左が津島行き、右は玉ノ井行き

え、右手から名古屋本線が迫ると**名鉄一宮**に着く。尾西線は1番線に発着し、ホーム中央を境に南側が津島方面、北側には玉ノ井方面の列車が停車する。

●名鉄一宮～玉ノ井間

玉ノ井方面は再び乗り換えとなる。同区間は途中に交換設備がないため、一つの列車が往復しシャトル列車の感覚。名鉄一宮を出ると名古屋本線と分かれ、左にカーブし進路を北西に向ける。国道155号を跨ぐと**西一宮**。日光川を渡って高架を下り、東海北陸自動車道をアンダークロスした先が**開明**。野府川を渡ると昭和の下町ムード漂う**奥町**だ。その後は進路を北に向け、屋根が鋸《のこぎりがた》型の繊維工場やその跡を眺めながら進む。まもなく終点の**玉ノ井**で、駅名の由来は、近くの賀茂神社で湧出する「玉ノ井霊泉」から。駅の西側には木曽川が流れ、尾濃大橋を渡って西へ約3・5㎞進むと竹鼻線の須賀駅に至る。玉ノ井以北は廃線区間で、昔の終点の木曽川港へは、ほぼ県道147号と化した。

ローカルムード漂う終点の玉ノ井駅。隣の鋸型の繊維工場は今も操業中

徳さんのここが気になる

●弥富駅（JR東海と名鉄の共同使用駅）のICカードでの乗降方法を考える

ICカードで弥富駅から名鉄に乗車する場合、まずは駅舎内の改札機、さらには名鉄線発着ホームに設置の入場用乗換改札機（ピンク色）にもタッチする。下車の場合は逆（ホームでは出場用同機〈水色〉）だが、いずれも2回タッチが必要だ。名鉄〜JR相互間の乗換もこれに準ずるが、同駅で名鉄に乗車・下車の場合も乗換時と同じ方法のため、遠来客には分かりにくい。運賃減算機能を含め改善を切望する。

●複線化された津島〜森上間は昭和の名鉄の遺物

昼間の閑散時、複線区間の津島〜森上間は毎時2往復に削減された。森上以北は単線だが一宮までは同4往復で、対名古屋は一宮に出て速いJRに乗換える人も多い。昭和40年代は名古屋から津島経由で森上方面の特急も走り、津島〜森上間が複線化された。この複線区間は黄金時代だった昭和の名鉄の遺物かも。

〈路線データ〉　尾西線　弥富〜玉ノ井

▽線路＝単線・複線（佐屋〜森上間、ただし津島、森上駅構内には単線区間あり）
▽最高速度＝時速100km　▽閉塞方式＝自動閉塞式　▽保安装置＝M式ATS
▽全通＝大正3（1914）年8月4日（現行区間）
▽路線名制定＝大正14（1925）年8月1日

瀬戸線　名古屋の山の手を走る独立路線

区間＝栄町〜尾張瀬戸　営業キロ＝20・5㎞　路線略称＝ST　駅数＝20
運賃計算キロ＝B線（営業キロ程×1・15）

路線概要
●地下鉄沿線並みの利便性で急成長

瀬戸線は名古屋の山の手を走る〝アーバンライン〟。名鉄唯一の独立路線でもある瀬戸線は、名古屋市の都心・栄（駅名は栄町）から矢田川を渡り、市内守山区を経て尾張旭市、瀬戸市を結ぶ。利便性は地下鉄並みで、沿線の大半は市街地、住宅街なのも特色の一つだ。

今、同線で注目されているのが高架下の空間を利用した新しい街づくり。清水〜尼ケ坂間にできた「SAKUMACHI商店街」は、賑わい溢れる交流拠点として人気上昇中だ。

「バンテリンドーム ナゴヤ」をバックに矢田川橋梁を渡る下り急行4000系4連。矢田〜守山自衛隊前間

最新ダイヤでの列車運行状況
●急行も走るが原則、朝夕のみ

列車番号は栄町から尾張瀬戸方面が下りで奇数、その逆が上りで偶数。全線複線で列車種別は急行・準急・普通の3タイプ。高架工事中の喜多山付近は令和4（2022）年3月19日に上り線が開通。喜多山駅の上り側には待避線と、その栄町方には留置線も新設された。しかし、営業列車は使用していないため、先発列車が先着する。運行系統は、①栄町～尾張瀬戸、②栄町～尾張旭、③栄町～喜多山、④三郷→栄町で、③は平日朝と深夜、④は平日朝の上りラッシュ時のみ。原則1時間あたりの基本運行パターンは原則、急行・準急を各2往復と普通4往復。うち普通2往復は②尾張旭までの区間運転で、下りは終点・尾張旭で後続の急行に、上り急行は尾張旭で同駅始発の普通に緩急連絡する。

昼間の（主に10～15時台）運行パターンは毎時、①の普通6往復のみ。平日ラッシュ時は、朝の上り（尾張瀬戸発6～7時台の一部）の場合、準急と普通を交互に10分ごとに設定し、普通は②尾張旭まで。同ピーク時間帯は普通のみ①・②の設定で、④も加わり栄町～尾張旭間は4分ごとの〝地下鉄型〟になる。平日夕方は栄町発17～20時台だと、下りは準急と普通を交互に15分ごとに設定し、いずれも①尾張瀬戸行き。夜間は栄町発だと平日は21時台以降、土休日は19時台以降が全列車普通の①となり、10分か15分ごと（一部12分ごと）だ。終電は栄町0時発の③喜多山止まりである。急行が走る時間帯は原則、朝（平日はラッシュ輸送終了後）と夕方（平日の上りは夜間も）のみとなった。

電車はすべて4両編成（固定）で、栄町〜東大手付近の地下区間走行のため、国土交通省令を満たした瀬戸線オリジナルの4000系18本と、暫定的ながら本線系の3300系1本（3306F）が応援にきている。ホーム有効長は原則4両だが、将来の輸送力増強を考慮し、栄町、大曽根、小幡、印場、尾張旭、尾張瀬戸の各駅は6両分を確保。喜多山付近1・9㎞は高架工事中だが、完成時の喜多山駅は上下待避線がある6両対応ホームになる。同工事は上り線が開通。下り線も令和5年度開通を目標に鋭意工事中で、現在は仮線の上下本線を閉鎖し、同下り待避線を下り本線に代用している。

●令和3年〝減量ダイヤ改正〟のポイント

令和3年5月22日改正で昼間の急行を廃止し、②尾張旭折り返しの普通を①尾張瀬戸まで延長。この結果、昼間は毎時①栄町〜尾張瀬戸間に、準急2往復（30分ごと）、普通4往復（15分ごと）とした。続く秋の10月30日改正では昼間、準急も廃止し毎時①の普通のみ6往復となった。この結果、名古屋市内の清水～瓢箪山間の普通しか停車しない各駅では、15分ごとから10分ごとに停車間隔が短縮。長距離では速達列車が消滅した。

沿線描写ダイジェスト版（名古屋市敬老パス対象駅＝栄町～大森・金城学院前間の各駅）

瀬戸線の歴史は古く明治38（1905）年4月2日、矢田～瀬戸（現＝尾張瀬戸）間に産声を上げた瀬戸自動鉄道が嚆矢。明治44年10月1日に当時の起点の堀川までの全線が開通。以来、「せとでん」の愛称で親しまれ、名鉄合併後もこの愛称を呼称する人は多い。

時代は流れて昭和53（1978）年8月20日、堀川が起点のため不便だった同線は、起点を名古屋都心の栄町に変更、地下新線の効果で瀬戸線は急激に発展していった。

ターミナルの**栄町**は名古屋の都心、栄のセントラルパーク地下街に隣接。同駅を出ると久屋大通の下を北へ進む。次の**東大手**も地下駅で県庁や市役所など官庁街に近い。地上に出て進路を東に変えると**清水**、次の**尼ケ坂**は緩いS字

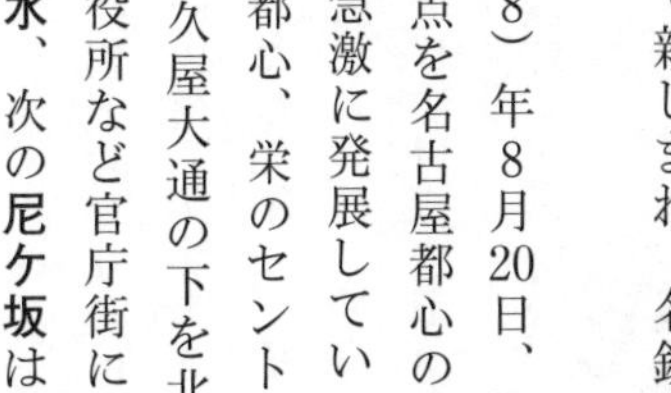

瀬戸線のターミナルの栄町駅は、栄のセントラルパーク地下街の隣接地にある

カーブの途中にある。
ところで、清水〜尼ケ坂間の高架下約５００ｍには平成31（２０１９）年3月29日、新商業施設「ＳＡＫＵＭＡＣＨＩ商店街」がオープン。賑わい溢れる交流拠点を創出しようと名鉄が展開する不動産事業の新たな施策で、それまで駐車場だった高架下に、女性にも人気のモダンな店舗が集結。粋なレストランやカフェなどの著名テナントも出店。翌年3月27日には2期エリアもオープンし注目のスポットとなった。

この先、国道19号をオーバークロスすると**森下**。その後、進路を北に向け、右手からＪＲ中央本線が迫ると**大曽根**に着く。ＪＲ中央本線と地下鉄名城線、日本で唯一のガイドウェイバスなども発着する名古屋市北部の

名鉄は「まちづくり」で地域の活性化を推進中。清水～尼ケ坂間の高架下に整備した「SAKUMACHI商店街」。勾配屋根が特徴の建物がリズム感をもって軒を連ねる

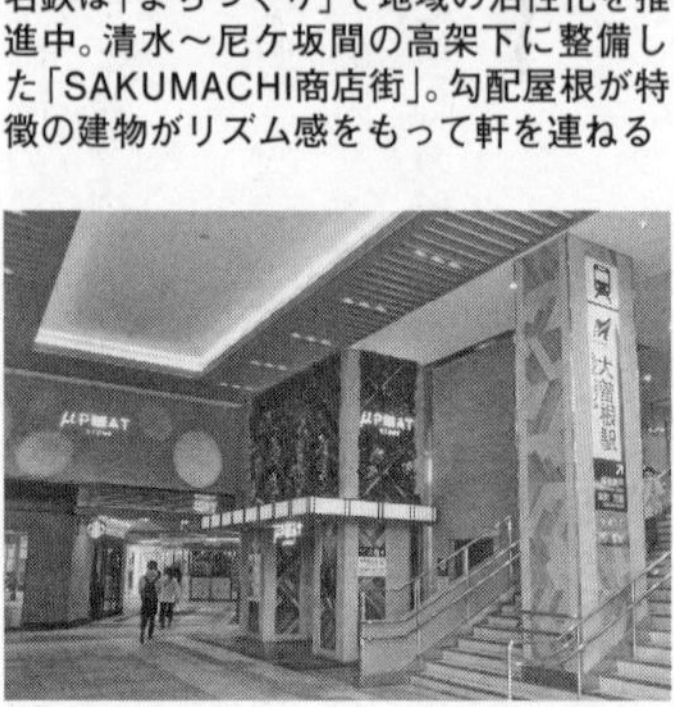

大曽根駅構内にある人気のエキナカ「μPLAT 大曽根」

交通の要衝だ。名鉄の駅の2階には令和2（2020）年7月15日、「μPLAT（ミュープラット）大曽根」がオープン。瀬戸線唯一のエキナカだが、改札外の商業施設でもあり、他社線利用客にも好評を博している。

大曽根を出ると中央本線と並走、のち同線を跨ぎ進路を再び東に変える。高架を下り古風なトラス橋で主要地方道15号を越えると**矢田**。右手にはバンテリンドーム ナゴヤが見える。そして、半径120mの急カーブを左に曲がり、矢田川を渡って進路を北東に向けると古い住宅街の中を進み、**守山自衛隊前**、**瓢箪山**と極狭ホームの小駅が続く。

守山区役所に近い**小幡**は名古屋市北東部のサブ玄関。この先、喜多山の北方まで約1・9㎞では高架工事が進む。そして、S字カーブを描きながら〃瀬戸街道〃こと県道61号とクロス、まもなく上り線側は高架化が成った**喜多山**に着く。西側には喜多山乗務区があり、駅舎、乗務区とも仮社屋で業務を行っている。喜多山を出ると国道302号とクロスし、次の**大森・金城学院前**は駅名の

瓢箪山駅は古い住宅街の中にあり用地不足でホームは極狭、通過列車は最速、時速80㎞で飛ばすので列車待ちは要注意だ

ごとく金城学院大学への最寄り駅。同駅のホームは曲線上にあり、駅名はひらがなにすると中黒入りで16文字、名鉄一の長い駅名だ。線路はこの先も「せとでん」時代からのカーブが続く。

東名高速道路とアンダークロスする手前から尾張旭市に入り、その最初の駅が**印場**。続いて**旭前**だが、この付近は瀬戸線では数少ない直線区間。急行は線内最高の時速100kmを出すこともある。左手には城山公園の「旭城」が、右手には瀬戸線の車両基地の犬山検査場尾張旭検車支区が見える。隣接する**尾張旭**は尾張旭市役所のすぐ横。立派な橋上駅でホームは中線がある2面3線。次の**三郷**《さんごう》は森林公園への最寄り駅だ。

三郷を出て愛知用水を渡る手前からは瀬戸

上り線の高架が完成した喜多山駅。待避線と、その栄町方には留置線（左）も新設。本線（右）を栄町行き急行が快走中

瀬戸線は名古屋市内で急カーブが多い。本線系から応援に来ている3300系（3306F）がS字カーブをゆっくり走る。印場～大森・金城学院前間

市に入る。陶器工場が増え、線路は上り勾配が続く。**水野**はカーブの途中にある駅。次の**新瀬戸**はスーパーに隣接、愛知環状鉄道との乗換駅で、界隈は瀬戸市の新市街に発展した。瀬戸市役所に近い**瀬戸市役所前**を過ぎ、右手に瀬戸川が迫ると終点の**尾張瀬戸**。駅は平成13年4月14日に現在地へ移転。駅舎は登り窯をイメージしたデザインで、駅前再開発も整い陶都・瀬戸市の玄関だ。

駅から徒歩数分の「瀬戸蔵ミュージアム」は瀬戸市の産業観光の殿堂だが、大正ロマン風の二代目駅舎を再現し、昭和40年代に活躍した電車、モ754号車の車体の半分を保存展示している（写真は237頁参照）。

尾張旭駅には中線があり、上下急行の多くは同駅発着の普通と緩急連絡する。左は同駅始発の栄町行き普通、右は尾張瀬戸発の同急行

登り窯をイメージした尾張瀬戸駅の駅舎

徳さんのここが気になる

●瀬戸線のダイヤは地下鉄型だが……

瀬戸線は平日朝のほか、土休日も含め昼間と夜間は普通しか走らない。電車は4両編成のみで増結もできない。そこで平日朝ピーク時の喜多山以南は、普通のみの4分間隔にして利便性を高めている。昼間は普通のみの10分間隔だが、名古屋市内の小駅利用客には好評で、まさに地下鉄型だ。ちなみに、名古屋の地下鉄は昼間、名港線と名城線の東部は瀬戸線と同じ10分間隔である。

しかし、名古屋市外の印場以北の利用客らは、大曽根や栄町への速達願望が強い。喜多山には高架完成時に上下待避線が新設されるが、昼間の急行を復活し、緩急連絡により速達性を高め、地下鉄型ダイヤとのコラボを期待したい。

ちなみに、600V時代の昭和41（1966）年3月16日～52年3月19日までは、大津町（地下鉄名城線市役所駅近く）～尾張瀬戸間を最速27分で疾駆する特急も走っていた。喜多山高架完成時には速達列車の復活も切望する。

〈路線データ〉　栄町～尾張瀬戸

▽線路＝複線　▽最高速度＝時速100㎞　▽閉塞方式＝自動閉塞式　▽保安装置＝M式ATS

▽全通＝昭和53（1978）年8月20日（栄町乗り入れ時）

※堀川～〈廃止区間〉～東大手～尾張瀬戸間は明治44（1911）年10月1日全通

▽路線名制定＝昭和14（1939）年9月1日

▽沿線の車両基地　犬山検査場 尾張旭検車支区（最寄駅は尾張旭）

第七章　名鉄の切符改革

昭和後期、名鉄には〝国鉄風〟で複雑な旅客営業制度が多々存在していた。出改札業務の無人化推進が前提の切符改革では、駅集中管理システムの導入で特急停車駅の一部も無人化。徹底した合理化の実現には、思い切った旅客営業制度の変更があった。

切符改革のきっかけとなった名鉄広報誌の記事

名鉄は複雑な旅客営業制度を理解してもらおうと自社の広報誌「紀行」(現在のＷｉｎｄ)１９８３年８月号（昭和58年８月１日名鉄広報宣伝部発行）に、『知っていると得をする名鉄きっぷの豆知識』という記事を特集。内容は利用者の立場になって書かれ、分かりやすい解説だった。

そのリードには、「鉄道を上手に、しかも安く使うコツというのは〜、規則を良く知るということ〜。意外なところに特典がある〜」（以上、原文引用）と記述されていた。

記事には「普通乗車券の知られざるキマリ」として、普通乗車券とは、いわゆる駅や車内で買うキップのこと。〜知られていない規則がいくつかある。①路線がきれていても通算で安くなる。②国鉄（現＝ＪＲ）線連絡１００㎞以上の切符はどこでも途中下車ＯＫ！

早速、①某駅から新名古屋（現＝名鉄名古屋）〜栄町〜大曽根〜上飯田経由で、小牧線

の味鋺までの普通乗車券を買ってみた。窓口の回答は「この切符は売れません。新名古屋まで買って、その先は別々に買って下さい〜」だった。持参した紀行を見せて説明すると、旅客規則を確認しながら補充券で発行されたが、時間はかかり発売金額も誤っていた。

また、無人駅から乗車し途中で特急に乗換え、車内改札時に同種切符の発売を申告すると、規則に詳しいはずの乗客専務には不正乗車扱いされ、乗務区への同行を要請された。

当時の規則では、新名古屋〜上飯田、新名古屋〜栄町、大曽根〜上飯田など、路線がつながっていない区間が複数あっても、運賃が通算できる区間が何箇所も存在していた。だが、それは罪作りの珍制度だった。

一方、②新名古屋から豊橋経由、浜松までの国鉄連絡（通算して105キロ）では、東岡崎で途中下車を申し出ると、「名鉄線内は途中下

「名鉄きっぷの豆知識」
知っていると得をする
普通乗車券の知られざるキマリ
●路線がきれていても通算で安くなる
名鉄一筆書き最長コース
●国鉄線連絡一〇〇キロ以上のきっぷはどこでも途中下車OK!

切符改革のきっかけとなった名鉄広報誌「紀行」昭和58年8月号の記事　所蔵:筆者

車前途無効です」を連呼。普通乗車券の途中下車制度は昭和45（1970）年1月16日に廃止されたが、社線内相互間発着の場合だけだった。

旅客営業制度簡略化に向けての動きが始まる

後日、名鉄本社を訪ね「紀行」の内容が現場係員に理解されにくく、「係員への指導を徹底し、旅客はもちろん係員にも理解しやすい旅客営業制度への改善」をお願いした。

そうした状況下の中、名鉄は昭和60（1985）年夏に旅客運賃・料金の変更認可を申請した。中部運輸局では一般公開された申請書を閲覧することができたが、筆者は運よく運輸省（現＝国土交通省）運輸審議会による「名古屋鉄道株式会社の鉄道及び軌道の旅客運賃変更認可申請事案に関する公聴会」の一般公述人（条件付賛成）に選任された。

申請書の内容だが、当時は特急中心ダイヤで、小駅から目的の駅とは反対方向の特急停車駅へ行き、特急に乗って目的の駅へ向かう「Uターン乗車」の制度があった。社の規定だと「乗車経路が折返しになる場合でも、その復乗区間が5キロメートル以内であるときに限り、キロ程を通算する」とある。だが、実際は「折返し駅着・発の運賃合算額から60円を減額する」との便法計算のために過剰収受が発生。片道のほか片道・往復の常備券もあった。

また、枇杷島分岐点から名古屋本線以西〜同犬山線以北相互間の乗換は、東枇杷島（普通停車駅）か栄生（急行停車駅）を指定。新名古屋まで行って折り返すと同駅着発で合算し60円減額。車内改札だと栄生〜新名古屋間の往復運賃を収受していた。だが、同区間も復乗5キロメートル以内の通算が正当で、いずれも過剰収受をしていたのである。

「紀行」の記述、折返し制度の矛盾などは社と中部運輸局に問い合わせ、整合性を確認した。そして、公聴会では区間外乗車の特例拡大などの改善策を提言し、条件付きで賛成意見を述べた。その後、新運賃は認可され昭和60年10月9日から施行されたが、社は筆者の提言通り新名古屋経由の折返し特例を特認。Uターン乗車券は廃止し、折返し片道乗車券に変更。運賃は通算し補充券のみでの発行としたが、その後は急行・普通を増発して利便性を高め、折返し需要が減ったことから平成3（1991）年4月20日限りで廃止した。

Uターン乗車券の例

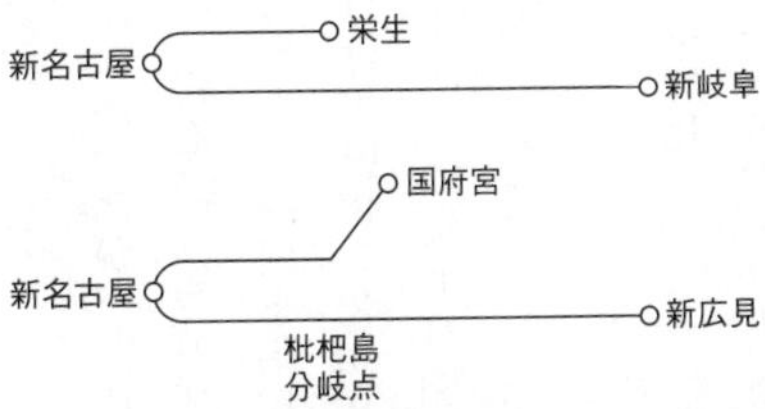

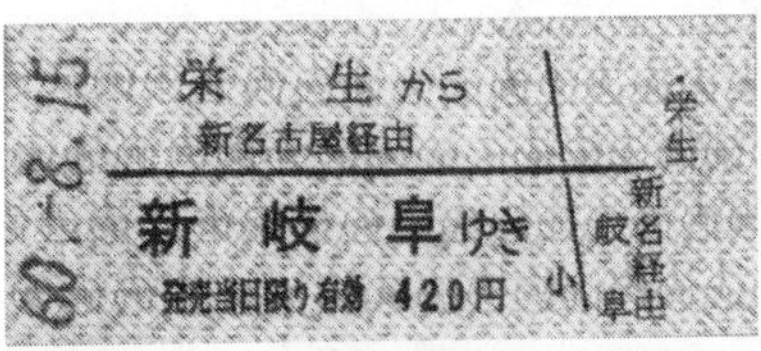

懐かしのUターン乗車券（常備券）、額面金額は便法計算のため過剰収受。返金はされたのか？

路線が切れている区間の運賃通算制度を廃止

「紀行」①の異色通算制度は、それまで回数に制限はなかったが、前述の新運賃施行日から原則、1回に限定。制度簡略化のために廃止も検討されたが、初乗り運賃が2回発生するため当局の指導は厳しく、まずは需要の少ない新名古屋～上飯田を昭和61（1986）年10月1日に廃止。その後も段階的に整理を進め、仕上げは平成18（2006）年12月15日の名鉄名古屋・金山～栄町だった。瀬戸線連絡の通算廃止は、新線加算額を廃止し初乗り運賃2回収受の代償としたが、線内相互発着の運賃も値下げとなるので当局も理解したようだ。

切符改革の超目玉は〝ループ線〟区間の経路選択の自由化

運賃計算上の〝ループ線〟となるのは以下の区間が該当する。①各務原循環＝枇杷島分岐点～新岐阜（現＝名鉄岐阜）～新鵜沼～枇杷島分岐点、②尾西循環＝須ケ口～津島～新一宮（現＝名鉄一宮）～須ケ口、③三河循環＝新安城～吉良吉田～碧南～知立～新安城（平成16年4月1日廃止）。これらの区間では乗車経路を指定して発売していたが、筆者は運賃改定公述人経験者として、同区間は国鉄の「大都市近郊区間内発着」を参考に、制度の見直しをお願いした。これは名鉄の〝シティ電車〟化を推進するには不可欠な案件でもあり、昭和60（1985）年10月9日から運賃同額区間内に限り経路選択が認められた。

　平成3（1991）年4月21日からは、片道普通乗車券の着駅が駅名表示から金額表示に変更された。これを機会に〃ループ線〃内を発着・通過する場合の運賃は、最短経路の運賃計算キロ程で計算し経路選択の自由を認めた。つまりJRの東京、大阪などの近郊区間内相互発着の制度と同じで、切符改革の超目玉となったのである。だが、少額運賃の片道券で迂回乗車すると、車内改札時に乗車経路による差額運賃を収受したり、不正乗車（原券無効回収・増運賃請求）として扱う車掌もいるなど、係員教育の徹底が急務となる。

　筆者は平成7年の名鉄運賃改定でも一般公述人（条件付き賛成）に選任されたが、前述などの事例もあり、営業担当係員の旅客営業制度熟知徹底、可能な限りのリストラ推進などを条件に賛成意見を述べた。新運賃は平成7年9月1日から施行されたが、〃ループ線〃区間の経路選択自由化は、乗車券類の機械発券推進の呼び水になったのである。

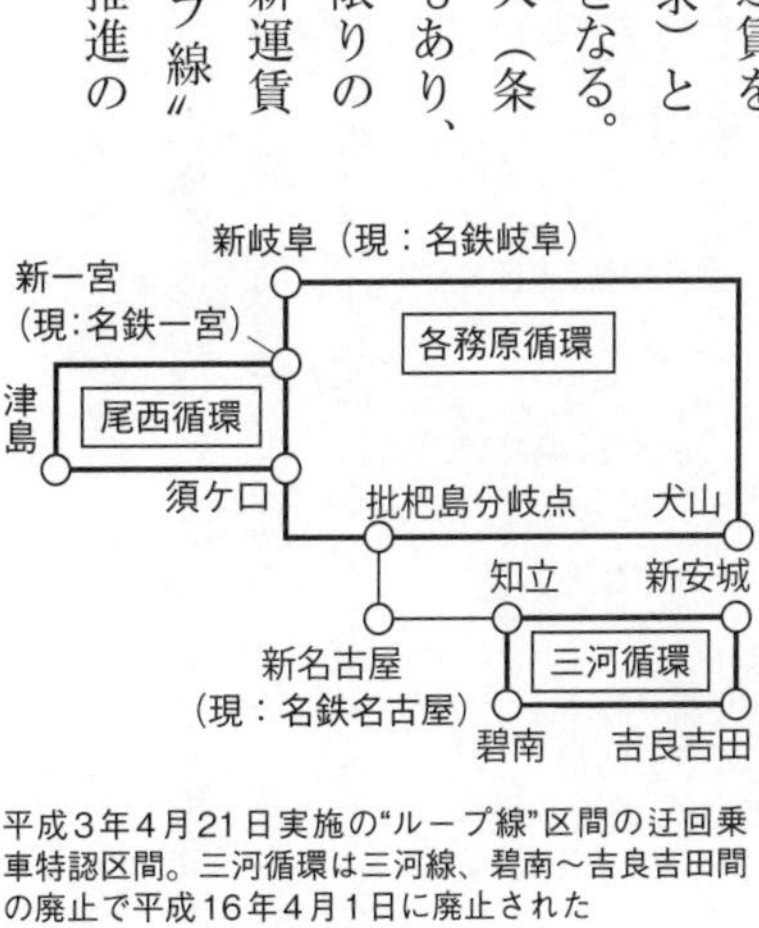

平成3年4月21日実施の"ループ線"区間の迂回乗車特認区間。三河循環は三河線、碧南～吉良吉田間の廃止で平成16年4月1日に廃止された

ＪＲとの普通乗車券の連絡運輸を全廃

　ＪＲ東海の高山本線へ直通していた特急「北アルプス」号の廃止を機会に、平成13（２００１）年10月１日からＪＲ東海、ＪＲ西日本との旅客連絡運輸、連絡普通乗車券の発売範囲を大幅に縮小した。従来、名鉄は豊橋、蒲郡、新羽島（岐阜羽島）、新名古屋（名古屋）接続で、当時の最遠は東京都区内まで。鵜沼接続ではＪＲ西日本の富山まで。また、新名古屋（名古屋）～名鉄・犬山線～新鵜沼（鵜沼）を通る通過連絡も存在した。

　縮小後は豊橋接続のみが残り、それも名鉄は伊奈、国府、本宿、美合、東岡崎、新安城、知立、鳴海の８駅と、ＪＲ東海の東海道本線は二川～浜松間、飯田線の船町～本長篠間の各駅相互間に限定。いずれも両社通算１００キロ未満、通用発売当日限

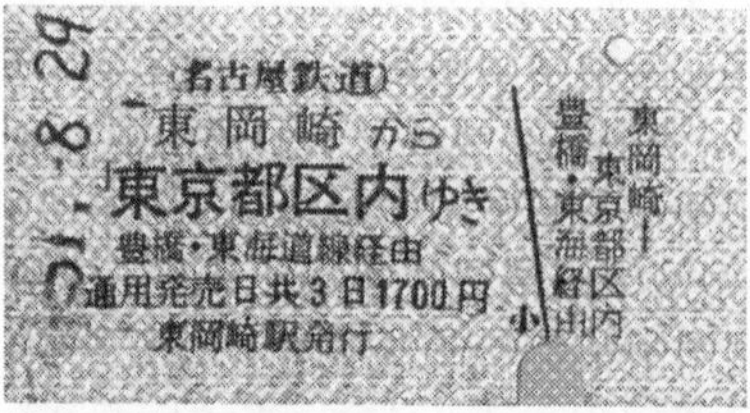

懐かしの長距離連絡乗車券、豊橋接続、東岡崎から東京都区内ゆき

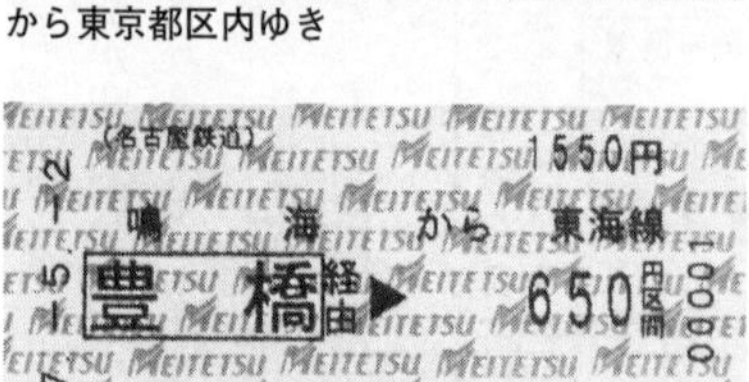

JR連絡の最後となった豊橋接続、名鉄～JR通算100km未満の近距離連絡乗車券。鳴海発、豊橋からJR線650円区間ゆき

り、途中下車前途無効の区間で、「紀行」②の問題がやっと解消された。

そして、この豊橋接続も平成24年4月20日をもって廃止され、普通乗車券でのＪＲとの連絡運輸は全廃したのである。

駅集中管理システムの導入

旅客営業制度の簡略化が進むと、平成15（２００３）年3月27日からストアードフェア（ＳＦ）システムの導入を開始。当初は磁気記録式の「ＳＦパノラマカード」、平成23年２月11日からは非接触型ＩＣカード「ｍａｎａｃａ」へとシフトした。そのＳＦ化を前提に、無人駅でも有人駅並みの出改札サービスを可能にしたのが駅集中管理システムである。

その構造は、無人駅にも自動券売機、自動精算機、自動改札機、インターホーン、乗車券確認カメラ、防犯カメラなどを設置し出改札をオール機械化。複数の駅を監視駅が管理し、問い合わせやトラブルの対処も監視駅から行う。平成12年5月23日、河和線の高横須賀駅付近の高架化で同駅（監視駅は太田川）に同システムを導入したのが最初で、同20年までに広見線の明智～御嵩間と蒲郡線の三河鳥羽～蒲郡間の各駅を除き導入を完了した。

同システムの導入で、相対式ホームでは用地に余裕がある限り上下別々に駅舎と出改札口を設置。改札内構内踏切の大半を廃止し、安全対策の強化と折返し乗車の防止を図り、平成17年6月29日からは小牧線の犬山〜味鋺間で乗車券確認システムを試行。入場情報を記録し出場時の確認で不正乗車を監視し、のち一部の駅を除き全線に拡大。その効果もあり、平成24年5月1日からは先の瀬戸線と同様、本線系でも車掌による携帯式車内券発行機での乗車券・区間変更の発売を中止。特別車両料金の精算のみ補充券で継続した。

　しかし、同システムだと乗車券類には対応しにくい券種がある。旧型の券売機では特別車両券が発行できないほか、領収証の発行もできず受領方法がややこしい。監視駅では少数の人員で複数の駅の営業業務を担うため、インターホーンが繋がらないこともある。自動改札機は、瀬戸線の瓢箪山駅が駅舎スペース

駅集中管理システムの導入で多くの駅が無人化された。犬山線 下小田井

一部特別車の急行が特別停車する犬山線の中小田井、下小田井の両駅は券売機が旧型で特別車両券は買えない。購入は他駅発売かネット予約に限る。他駅で買った同券

の都合で簡易型のほかは、原則として開閉バー付きだ。そのため、閑散駅では夜間の防犯対策の強化が望まれる。類似システムはＪＲ東海も一部路線に導入したが、改札機は開閉バーのない簡易型で柔軟な対応をしている。出改札の合理化は社の便法であり、お客様を信用してこそ理解が得られよう。

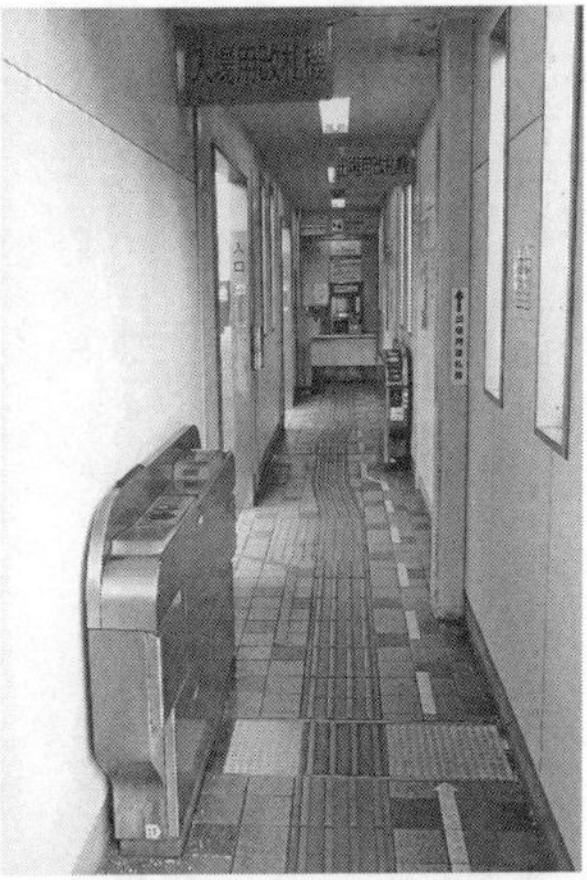

瀬戸線の瓢箪山駅下り側駅舎は極狭のため、開閉バーがない簡易型改札機を入場・出場別に直列で配置。下車の場合、入場機の前を通ったのち出場機にタッチする。乗車時は逆

まとめ

「紀行」の記事から約40年、旅客営業制度の簡略化が進み、切符はＩＣカードの時代だ。その総仕上げが駅集中管理システムだったが、出改札担当の駅員、車掌など営業担当の係員は削減され、かなりの合理化が推進した。まだまだ改善点はあろうが、お客様の立場になっての出改札業務の合理化、これぞ令和時代の名鉄電車に求められる切符改革かも。

最新 旅客営業制度の概要（抜粋）

名鉄の運賃計算は難しい。本章では運賃計算の基本となる普通乗車券、新時代の〝名古屋名物〟に成長した特別車に必要な特別車両券（ミューチケット）の概要を解説する。記載金額は消費税率が8％から10％に引き上げられた令和元（2019）年10月1日改定の運賃・料金を記載した。

ちなみに、小児運賃は大人の半額で10円未満の端数は10円単位に切り上げる。特別車両券は大人・小児とも同額。回数券は一部の特例を除き原則、運賃・料金券とも廃止された。

「普通乗車券」

●運賃計算の基本

対キロ区間制で、キロ程は1～3キロ＝170円から131～143キロ＝1850円まで30区間ある。初乗り運賃は170円で、大手私鉄では一番高い。有効期間は片道1日・往復は2日。

運賃の計算方法だが、計算上は各線をA・B・Cの3種に区分している。

A＝営業キロ程×1・0。名古屋本線

B＝営業キロ程×1・15。西尾線、蒲郡線、豊田線、常滑線、空港線、築港線、河和線、津島線、犬山線、各務原線、小牧線、瀬戸線

C＝営業キロ程×1・25。豊川線、三河線、知多新線、尾西線、竹鼻線、羽島線、広見線

駅間の計算キロ程はまず、A、B、Cの区分ごとに少数点以下3位まで算出する。次にA、B、Cの線区ご

とに少数点以下第2位で切り上げて０・１キロ単位のキロ程を求める①。Ａ、Ｂ、Ｃの各線にまたがって乗車する場合は、①で算出したキロ程をＡ、Ｂ、Ｃごとに合算。②合算キロ程の０・１キロ未満を切り上げたキロ程を求める。そして、対キロ区間制普通運賃表を適用し運賃を算出する。

また、乗車区間に知多新線、豊田線、羽島線、空港線を含む場合は、さらにその各線ごとの加算額も加える。

対キロ区間制区間普通旅客運賃表は下表、加算額表は２２４頁を、営業キロ程・旅客運賃計算キロ程表は２３２〜２３７頁を参照されたい。

対キロ区間制区間普通旅客運賃表　（単位:円）

キロ程	運　賃	キロ程	運　賃
1〜3	170	53〜56	950
4	190	57〜60	1,010
5〜7	230	61〜64	1,070
8	240	65〜68	1,140
9〜12	300	69〜72	1,190
13〜16	360	73〜76	1,240
17〜20	410	77〜80	1,290
21〜24	460	81〜85	1,350
25〜28	510	86〜90	1,400
29〜32	570	91〜95	1,450
33〜36	620	96〜100	1,500
37〜40	680	101〜110	1,590
41〜44	750	111〜120	1,680
45〜48	810	121〜130	1,760
49〜52	880	131〜143	1,850

豊田線 加算額表 (単位:円)

赤池							
30	日進						
30	20	米野木					
40	30	20	黒笹				
40	30	30	20	三好ケ丘			
50	40	40	30	20	浄水		
60	50	40	40	30	20	上豊田	
60	50	50	40	40	30	20	梅坪

知多新線 加算額表 (単位:円)

富貴	40	40	50	60	70
	上野間	20	20	30	50
		美浜緑苑	20	30	40
			知多奥田	20	40
				野間	30
					内海

空港線 加算額表 (単位:円)

常滑	30	80
	りんくう常滑	50
		中部国際空港

羽島線 加算額表 (単位:円)

新羽島	30
	江吉良

「例」赤池から梅坪・知立経由、東岡崎までの運賃

(Ⅰ)豊田線＝赤池〜梅坪〈B線17・480キロ→17・5キロ〉、(Ⅱ)三河線＝梅坪〜知立〈C線21・375キロ→21・4キロ〉、(Ⅲ)名古屋本線＝知立〜東岡崎〈A線13・300キロ→13・3キロ〉。Ⅰ＋Ⅱ＋Ⅲ＝52・2キロ、0・1キロ未満を切り上げ53キロ。対キロ区間制運賃表を適用し950円（Ⅳ）。乗車区間に豊田線を含み、赤池〜梅坪間の加算額は60円（Ⅴ）。算出運賃はⅣ＋Ⅴの合計で1010円だ。

●運賃計算の特例

枇杷島分岐点以西の名古屋本線〜各駅と、同以北の犬山線〜各駅相互間を乗車する場合、枇杷島分岐点は運賃計算上の〝駅〟だが電車は停車しない。そのため、名古屋本線と犬山線の乗り換えは、東枇杷島〜名鉄名古屋間を指定し、同区間の区間外乗車を認めている。しかし、同区間の駅で下車したら乗車券は回収、不足額がある場合は精算が必要となる（図・226頁）。

また、ループとなる枇杷島分岐点以北の〝各務原循環〟、同以西の〝尾西循環〟は、実際の経路に関係なく最短経路で乗車するものとみなし計算する（図・226頁）。

赤池から東岡崎までの運賃

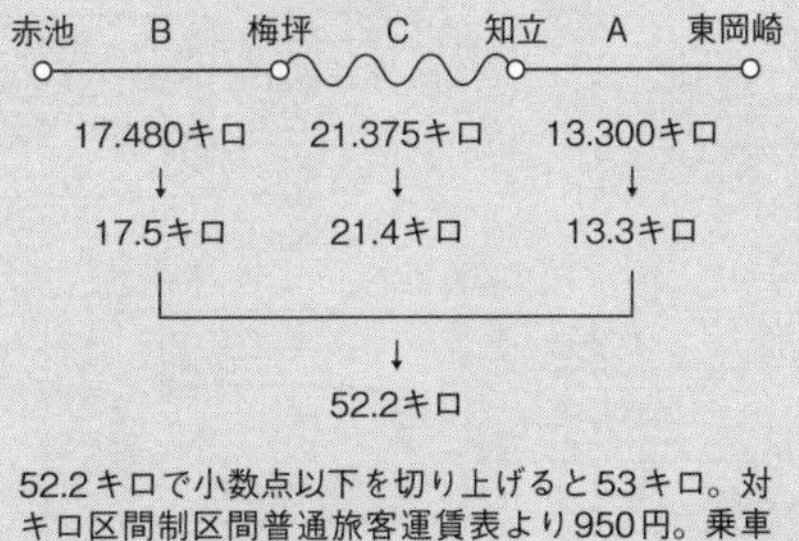

52.2キロで小数点以下を切り上げると53キロ。対キロ区間制区間普通旅客運賃表より950円。乗車区間に豊田線赤池〜梅坪間が含まれるので、加算額表によって60円を加算し、運賃は1010円となる。

●運賃計算特例の応用

名鉄名古屋から西枇杷島までは、最短運賃計算キロ程で3・6キロ、4キロに切り上げ190円。しかし、実際は枇杷島分岐点から犬山～名鉄岐阜（各務原循環）～名鉄一宮～津島～須ケ口（尾西循環）経由で大回り乗車しても190円である。だが、途中の駅で下車出場した場合は、前述のごとく差額精算が必要。例えば犬山で下車すると、名鉄名古屋～犬山間の運賃570円との差額380円を収受される。また、名鉄一宮で下車した場合は、犬山経由でも名古屋本線経由の最短経路の運賃380円との差額190円が精算収受となる。

一方、西枇杷島から下小田井までは枇杷島分岐点経由で170円。乗り換えは隣の東枇杷島でもよいが、名鉄名古屋で折り返しても同額である。

区間外乗車の特認区間

太線区間（━━）と細線区間（――）を相互に乗車する場合、点線区間（○……○）の区間外乗車が認められている。

東枇杷島～名鉄名古屋間

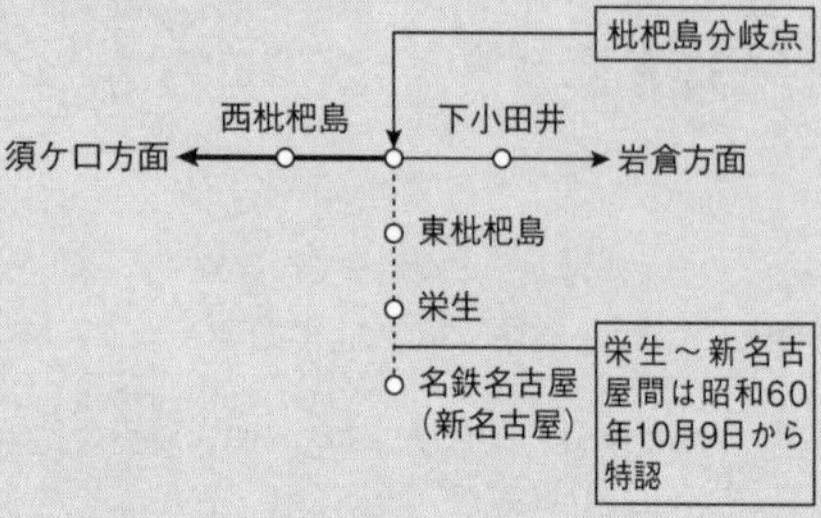

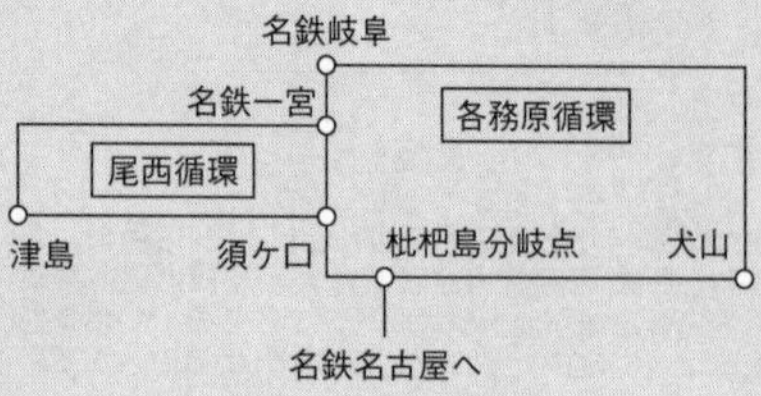

●暫定運賃

名古屋本線の4区間には暫定運賃の設定がある。金山～名鉄一宮450円、名鉄名古屋～名鉄一宮380円、名鉄一宮～名鉄岐阜300円、新木曽川～名鉄岐阜240円。ただし、この4区間内にある各駅相互間で、暫定運賃より高額の場合は暫定運賃を適用する。

●交通系ICカード　manaca（マナカ）

名古屋都市圏の交通系ICカードは「manaca（マナカ）」で、全国の交通系主要ICカードとの相互利用も可能だ。発行・管理する事業者は名鉄系のエムアイシー、名古屋市交通局系の名古屋交通開発機構の2社。名鉄系の加盟会社は前社のカードを発売している。

クレジットカードとリンクしたオートチャージ機能は、前述の後社発売のカードに限り、指定のクレジットカード会社とのリンクで名古屋市交通局の地下鉄の自動改札機（上小田井、上飯田を除く）のみ対応可能。名鉄系カードでは現在、このサービスはない。

交通系ICカードの魅力は、①乗車経路が複数ある場合は乗車する社・局の最安値を適用。②指定された事業者相互間なら1枚のカードで90分以内に乗り継ぐ場合は、乗継割引を適用。③マイレージポイントは加盟各社の運賃になるなどの特典も多い。

名鉄のポイント率、その複雑な計算方法。JRなどとの共同使用駅での特殊な改札方法などの詳細は、駅で無料配布している「manacaご利用ガイド」を参照されたい。

なお、ICカードでは普通乗車券のほか、料金券の特別車両券、入場券との引き換えも可能。ただし、一部の駅では対応できないこともあるのでご了承を。

「特別車両券」

●ミューチケット（μチケット）

「ミュースカイ」・快速特急・特急・一部の急行の特別車を利用する場合は、乗車券のほかに「ミューチケット」こと特別車両券が必要。同券の料金は大人・小児とも同額の360円。運賃無料の幼児・乳児でも座席を使用すれば料金がかかり、小児運賃も必要である。首都圏を走るJR東日本の普通列車に連結しているグリーン車と同じ性格だが、座席を指定して発売される。発売日は乗車日の1カ月前から。発売箇所は出札係員配置駅（弥富・赤池駅を除く）と名鉄名古屋駅サービスセンター、特別車連結編成が停車する駅のタッチパネル式自動券売機（含む無人駅）、名鉄ネット予約サービス（後述）、名鉄と協定する旅行会社だ。列車変更はネット予約を除き、発車時刻前までの1回に限る。

なお、特別車は一部の急行でも営業しているが、平日の新鵜沼6時16分発河和行き急行676列車は、犬山線内では普通しか停車しない中小田井と下小田井に特別停車する。両駅は無人駅で自動券売機に特別車両券の発売機能がない。そのため両駅発着の同券は、他駅発売かネット予約を利用することになる。

満席の場合、立席乗車も認めているが、特別改札で同料金を収受される。ただし、首都圏各社のような割増となる車内料金の制度はなく、飛び入りで空席利用しても料金は同額だ。

●乗継ミューチケット

特例として、2乗車2枚1組で360円の「乗継ミューチケット」の制度もある。乗継駅は指定され、新安城（豊橋方面〜西尾方面）、神宮前（豊橋・西尾方面〜太田川方面）、金山（名鉄名古屋以西・以北〜豊橋・太田川方面）、名鉄名古屋（名鉄岐阜方面〜犬山方面）、太田川（河和・内海方面〜中部国際空港方面）の5駅に限る。乗継時間は5分以上60分以内。枇杷島分岐点〜名鉄名古屋間を除き乗継駅から折り返す重複乗車は認めていない。発売箇所は出札係員配置駅（弥富・赤池駅を除く）と名鉄名古屋駅サービスセンターのみ。列車変更は第1乗車列車の乗車駅発車時刻まで2枚1組1回限り発売箇所で行う。車内および1乗車目の乗車後は、発売・変更とも一切できない。

払い戻しは、指定列車（乗継ミューは第1乗車列車）の発車時刻前までに申し出れば、2枚1組で手数料220円を控除し発売箇所で取り扱う。車内改札時の紛失申告の場合は再収受されるが、原券発見後の払い戻し規定はない。

●名鉄ネット予約サービス

スマートフォンやパソコンなどから特別車両券が買えるサービスで、令和元（2019）年5月18日から開始した。料金は駅と同額の360円だが、号車と座席位置、さらには座席表で希望する座席まで選択可能。また、ネット予約だと列車変更が2回までできる。乗車時に駅で特別車両券を発券してもらう手間は省けるが、乗車後は購入情報を確認できる画面の掲出、決済時に利用したクレジットカードの携帯が必要だ。発売は乗車日の1ヵ月前から利用列車の乗車駅発車時刻1分前まで。ただし、「乗継ミューチケット」は買えず、ネットで第1〜第2列車の予約をしても、2つの列車の合計720円を請求される。

払戻しは乗車駅発車時刻の1分前まで可能で、払戻し手数料は1枚220円。列車変更や払戻しは駅などの窓口ではできず、自身のスマートフォンなどの操作で行う必要がある。予約列車が運休の場合は原則、翌日以降に社から利用したクレジットカードに返金されるが、発車時刻前に自身で払戻し操作を行うと手数料がかかる。異常時の対応は社に有利な面もあり、初心者には難しそうだ。

ネットサービスの開始で、座席の発売状況を列車、利用区間を含めて確認できる携帯用車掌端末も導入。指定の座席に着席していれば車内改札は省略される。

「入場券」

入場券は大人170円、小児90円。発売当日1回限り有効。無人駅でも駅集中管理システム導入駅では入場券が必要である。無人駅の券売機に入場券のボタン等はあるが、防犯対策とかで作動していないことが多い。この場合はインターホーンで監視駅の係員に連絡し、発売可能の操作を要請する。なお、主要駅では昔懐かしい硬券入場券も常備している。ただし日付はダッチング機が廃止されたため、ゴム印である。

瀬戸線の瓢箪山駅下り側は、駅舎が狭いので開閉扉がない簡易改札機を設置しているが入場券は必要。竹鼻線の南宿駅上り側は特殊構造でホームには自由に入れるが、ホーム上の駅舎で入場券を購入し改札機を通す。築港線の東名古屋港駅、蒲郡線と広見線の明智～御嵩間の無人駅では入場券を発売していない。

なお、JR東海との共同使用駅の豊橋と弥富は、同社の制度が適用され大人150円、小児70円、発売時刻から2時間以内1回限り有効。地下鉄との共同使用駅の赤池は、名古屋市交通局の駅のため入場券の制度はない。

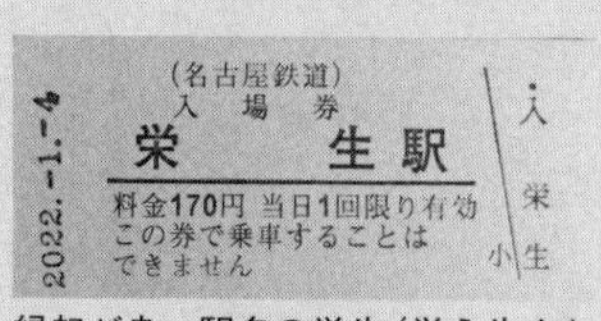

縁起が良い駅名の栄生（栄え生まれる）でも硬券入場券の常備がある

●名古屋市敬老パスの対象交通が拡大！　名鉄の名古屋市内駅相互間も対象に

令和4（2022）年2月1日から名古屋市敬老パスの制度変更が施行され、対象交通が拡大した。名鉄・JR東海・近鉄の名古屋市内運行区間、名鉄バス・三重交通の路線バスも原則、市内運行区間が利用可能になった。名鉄の鉄道線は、名古屋本線が中京競馬場前～東枇杷島間、常滑線は神宮前～柴田間、築港線全線、小牧線は上飯田～味鋺間、犬山線は中小田井～上小田井間、瀬戸線の栄町～大森・金城学院前間が対象区間だ。

敬老パスは「マナカ」機能が付加された交通系のICカードで、市営交通以外の各社を利用する場合は、任意で現金をチャージ（入金）しておく必要がある。対象各社に乗車した場合、一般カードと同様に乗車区間の運賃が減算されるが、2カ月単位で運賃相当額が登録口座に振込で返金される。そのため自動改札機での入出場記録が必要であり、いかなる理由でも有人改札を通過したら対象外となるので要注意だ。

運賃は市内駅相互間を利用した場合のみ返金され、乗車駅または降車駅が市外駅の場合は返金されない。例えば、名古屋本線の金山から前後まで乗車した場合、金山～中京競馬場前間は市内駅だが、前後は市外駅（豊明市内）のため、金山～前後間の全区間が返金されない。また、犬山線は中小田井～上小田井間が対象駅のため、栄生から上小田井まで乗車した場合は返金される。だが、その途中の下小田井で降車した場合、下小田井は市外駅（清須市）のため対象にはならず、栄生～下小田井間の運賃は返金されない。

従来、名古屋市敬老パスは有効期間内に利用回数の制限はなかったが、名鉄など利用対象交通の拡大を機に、利用上限回数が有効開始日から1年間で730回（1日1往復×365日）に制限された。

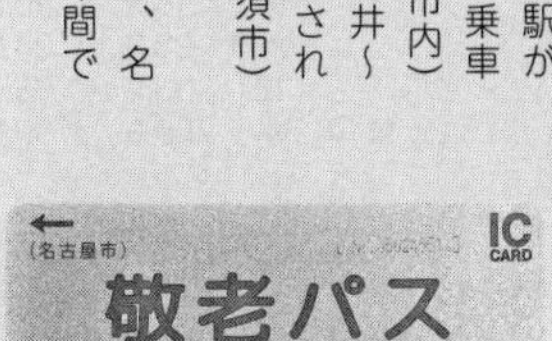

便利で使いやすくなった名古屋市敬老パス

営業キロ程・旅客運賃計算キロ程表

名古屋本線

A 豊橋・名鉄岐阜間

駅名	営業キロ	旅客運賃計算キロ
	豊橋から	豊橋から
豊橋	0.0	0.000
伊奈	5.0	5.000
小田渕	6.6	6.600
国府	9.6	9.600
御油	10.7	10.700
名電赤坂	12.5	12.500
名電長沢	15.0	15.000
本宿	18.7	18.700
名電山中	20.4	20.400
藤川	23.1	23.100
美合	25.6	25.600
男川	27.6	27.600
東岡崎	29.8	29.800
岡崎公園前	31.1	31.100
矢作橋	32.5	32.500
宇頭	34.8	34.800
新安城	38.3	38.300
牛田	40.9	40.900
知立	43.1	43.100
一ツ木	44.6	44.600
富士松	46.6	46.600
豊明	48.1	48.100
前後	49.8	49.800
中京競馬場前	51.4	51.400
有松	52.7	52.700
左京山	53.8	53.800
鳴海	55.1	55.100
本星崎	56.7	56.700
本笠寺	58.2	58.200
桜	58.9	58.900
呼続	59.9	59.900
堀田	61.1	61.100
神宮前	62.2	62.200
金山	64.4	64.400
山王	66.0	66.000
名鉄名古屋	68.0	68.000
栄生	69.9	69.900
東枇杷島	70.7	70.700
(枇杷島分岐点)	71.3	71.300
西枇杷島	71.6	71.600
二ツ杁	72.2	72.200
新川橋	72.8	72.800
須ケ口	73.5	73.500
丸ノ内	74.3	74.300
新清洲	75.2	75.200
大里	77.5	77.500
奥田	78.8	78.800
国府宮	80.9	80.900
島氏永	82.9	82.900
妙興寺	84.7	84.700
名鉄一宮	86.4	86.400
今伊勢	88.3	88.300
石刀	89.2	89.200
新木曽川	91.2	91.200
黒田	92.1	92.100
木曽川堤	93.9	93.900
笠松	95.1	95.100
岐南	96.9	96.900
茶所	98.3	98.300
加納	98.7	98.700
名鉄岐阜	99.8	99.800

豊川線

C 国府・豊川稲荷間

駅名	営業キロ	旅客運賃計算キロ
	国府から	国府から
国府	0.0	0.000
八幡	2.5	3.125
諏訪町	4.4	5.500
稲荷口	6.0	7.500
豊川稲荷	7.2	9.000

西尾線

B 新安城・吉良吉田間

駅名	営業キロ	旅客運賃計算キロ
	新安城から	新安城から
新安城	0.0	0.000
北安城	2.6	2.990
南安城	4.0	4.600
碧海古井	5.7	6.555
堀内公園	6.7	7.705
桜井	7.9	9.085
南桜井	9.5	10.925
米津	11.6	13.340
桜町前	13.0	14.950
西尾口	14.2	16.330
西尾	15.0	17.250
福地	17.4	20.010
上横須賀	20.5	23.575
吉良吉田	24.7	28.405

三河線

C 碧南・猿投間

駅名	営業キロ	旅客運賃計算キロ
	碧南から	碧南から
碧南	0.0	0.000
碧南中央	1.6	2.000
新川町	2.7	3.375
北新川	3.7	4.625
高浜港	5.5	6.875
三河高浜	6.5	8.125
吉浜	8.4	10.500
小垣江	10.4	13.000
刈谷市	13.0	16.250
刈谷	14.6	18.250
重原	16.3	20.375
知立	18.5	23.125
三河知立	19.2	24.000
三河八橋	22.3	27.875
若林	24.7	30.875
竹村	27.0	33.750
土橋	29.6	37.000
上挙母	32.4	40.500
豊田市	34.2	42.750
梅坪	35.6	44.500
越戸	37.6	47.000
平戸橋	38.7	48.375
猿投	39.8	49.750

蒲郡線

B 吉良吉田・蒲郡間

駅名	営業キロ	旅客運賃計算キロ
	吉良吉田から	吉良吉田から
吉良吉田	0.0	0.000
三河鳥羽	3.2	3.680
西幡豆	4.7	5.405
東幡豆	7.0	8.050
こどもの国	8.9	10.235
西浦	10.5	12.075
形原	11.7	13.455
三河鹿島	13.5	15.525
蒲郡競艇場前	15.3	17.595
蒲郡	17.6	20.240

豊田線

B 梅坪・赤池間

駅名	営業キロ	旅客運賃計算キロ
	梅坪から	梅坪から
梅坪	0.0	0.000
上豊田	2.0	2.300
浄水	3.8	4.370
三好ケ丘	6.2	7.130
黒笹	8.1	9.315
米野木	10.4	11.960
日進	12.2	14.030
赤池	15.2	17.480

常　滑　線

B 神宮前・常滑間

駅　名	営業キロ	旅客運賃計算キロ
	神宮前から	神宮前から
神宮前	0.0	0.000
豊田本町	1.4	1.610
道徳	2.4	2.760
大江	3.8	4.370
大同町	5.3	6.095
柴田	6.1	7.015
名和	7.5	8.625
聚楽園	9.7	11.155
新日鉄前	10.6	12.190
太田川	12.3	14.145
尾張横須賀	13.7	15.755
寺本	15.1	17.365
朝倉	16.4	18.860
古見	17.3	19.895
長浦	18.7	21.505
日長	21.0	24.150
新舞子	22.5	25.875
大野町	24.1	27.715
西ノ口	25.4	※28.865
蒲池	26.4	30.360
榎戸	27.5	31.625
多屋	28.6	32.890
常滑	29.3	33.695

※常滑線の特例　西ノ口と西尾線の南桜井間、西ノ口と常滑線蒲池～常滑の各駅間。西ノ口と空港線常滑～中部国際空港の各駅間は29.210キロの運賃計算キロを使用して計算する。それ以外の駅から西ノ口までを計算する場合は表内の運賃計算キロを使用する。

空　港　線

B 常滑・中部国際空港間

駅　名	営業キロ	旅客運賃計算キロ
	常滑から	常滑から
常滑	0.0	0.000
りんくう常滑	1.6	1.840
中部国際空港	4.2	4.830

築　港　線

B 大江・東名古屋港間

駅　名	営業キロ	旅客運賃計算キロ
	大江から	大江から
大江	0.0	0.000
東名古屋港	1.5	1.725

河　和　線

B 太田川・河和間

駅　名	営業キロ	旅客運賃計算キロ
	太田川から	太田川から
太田川	0.0	0.000
高横須賀	1.3	1.495
南加木屋	4.1	4.715
八幡新田	5.9	6.785
巽ヶ丘	7.1	8.165
白沢	7.9	9.085
坂部	9.5	10.925
阿久比	10.6	12.190
植大	12.2	14.030
半田口	13.2	15.180
住吉町	14.0	16.100
知多半田	14.8	17.020
成岩	15.8	18.170
青山	16.8	19.320
上ゲ	19.0	21.850
知多武豊	19.8	22.770
富貴	22.3	25.645
河和口	25.8	29.670
河和	28.8	33.120

知　多　新　線

C 富貴・内海間

駅　名	営業キロ	旅客運賃計算キロ
	富貴から	富貴から
富貴	0.0	0.000
上野間	5.8	7.250
美浜緑苑	6.7	8.375
知多奥田	8.1	10.125
野間	9.8	12.250
内海	13.9	17.375

竹　鼻　線

C 笠松・江吉良間

駅名	営業キロ	旅客運賃計算キロ
	笠松から	笠松から
笠松	0.0	0.000
西笠松	0.9	1.125
柳津	2.9	※3.625
南宿	5.2	6.500
須賀	6.1	7.625
不破一色	7.0	8.750
竹鼻	8.6	10.750
羽島市役所前	9.6	12.000
江吉良	10.3	12.875

※竹鼻線の特例 柳津と竹鼻線の南宿～江吉良の各駅間。柳津と羽島線の新羽島間は3.875キロの運賃計算キロを使用して計算する。それ以外の駅から柳津までを計算する場合は、表内の運賃計算キロを使用する。

羽　島　線

C 江吉良・新羽島間

駅名	営業キロ	旅客運賃計算キロ
	江吉良から	江吉良から
江吉良	0.0	0.000
新羽島	1.3	1.625

南宿駅上り方面は特殊な改集札を実施。ホームへは一旦、無札で入り、のち駅舎内の改札機を通る。出場の場合はその逆

津　島　線

B 須ケ口・津島間

駅名	営業キロ	旅客運賃計算キロ
	須ケ口から	須ケ口から
須ケ口	0.0	0.000
甚目寺	2.0	2.300
七宝	3.7	4.255
木田	5.4	6.210
青塚	7.3	8.395
勝幡	9.0	10.350
藤浪	10.2	11.730
津島	11.8	13.570

尾　西　線

C 弥富・玉ノ井間

駅名	営業キロ	旅客運賃計算キロ
	弥富から	弥富から
弥富	0.0	0.000
五ノ三	2.5	3.125
佐屋	4.6	5.750
日比野	6.6	8.250
津島	8.2	10.250
町方	9.6	12.000
六輪	11.1	13.875
渕高	12.4	15.500
丸渕	13.4	16.750
上丸渕	14.7	18.375
森上	16.2	20.250
山崎	17.3	21.625
玉野	18.7	23.375
萩原	20.2	25.250
二子	21.3	26.625
苅安賀	22.5	28.125
観音寺	23.2	29.000
名鉄一宮	25.3	31.625
西一宮	26.0	32.500
開明	28.1	35.125
奥町	29.4	36.750
玉ノ井	30.9	38.625

犬山線

B 枇杷島分岐点・新鵜沼間

駅名	営業キロ	旅客運賃計算キロ
	枇杷島分岐点から	枇杷島分岐点から
(枇杷島分岐点)	0.0	0.000
下小田井	1.0	1.150
中小田井	2.4	2.760
上小田井	3.5	4.025
西春	5.9	6.785
徳重・名古屋芸大	7.3	8.395
大山寺	8.1	9.315
岩倉	9.7	11.155
石仏	11.8	13.570
布袋	14.2	16.330
江南	16.2	18.630
柏森	19.0	21.850
扶桑	21.2	24.380
木津用水	22.6	25.990
犬山口	24.0	27.600
犬山	24.9	28.635
犬山遊園	26.1	30.015
新鵜沼	26.8	30.820

各務原線

B 名鉄岐阜・新鵜沼間

駅名	営業キロ	旅客運賃計算キロ
	名鉄岐阜から	名鉄岐阜から
名鉄岐阜	0.0	0.000
田神	1.1	1.265
細畑	2.9	3.335
切通	3.9	4.485
手力	4.8	5.520
高田橋	5.4	6.210
新加納	6.6	7.590
新那加	7.5	8.625
市民公園前	8.1	9.315
各務原市役所前	8.7	10.005
六軒	9.9	11.385
三柿野	11.2	12.880
二十軒	12.4	14.260
名電各務原	13.7	15.755
苧ケ瀬	14.6	16.790
羽場	15.5	17.825
鵜沼宿	16.5	18.975
新鵜沼	17.6	20.240

広見線

C 犬山・御嵩間

駅名	営業キロ	旅客運賃計算キロ
	犬山から	犬山から
犬山	0.0	0.000
富岡前	1.9	2.375
善師野	4.0	5.000
西可児	7.7	9.625
可児川	9.7	12.125
日本ライン今渡	12.2	15.250
新可児	14.9	18.625
明智	18.4	23.000
顔戸	20.0	25.000
御嵩口	21.7	27.125
御嵩	22.3	27.875

明智駅には前身の東美鉄道、広見(現＝新可児)～御嵩間が大正9年8月21日に開業した当時の木造駅舎が現役だ

瀬　戸　線

B 栄町・尾張瀬戸間

駅　名	営業キロ	旅客運賃計算キロ
	栄町から	栄町から
栄町	0.0	0.000
東大手	1.5	1.725
清水	2.2	2.530
尼ケ坂	2.7	3.105
森下	3.6	4.140
大曽根	4.6	5.290
矢田	5.9	6.785
守山自衛隊前	7.0	8.050
瓢箪山	7.6	8.740
小幡	8.6	9.890
喜多山	9.9	11.385
大森・金城学院前	10.7	12.305
印場	12.2	14.030
旭前	13.1	15.065
尾張旭	14.7	16.905
三郷	16.1	18.515
水野	18.0	20.700
新瀬戸	18.7	21.505
瀬戸市役所前	19.4	22.310
尾張瀬戸	20.6	23.575

小　牧　線

B 犬山・上飯田間

駅　名	営業キロ	旅客運賃計算キロ
	犬山から	犬山から
犬山	0.000	0.000
羽黒	3.400	3.910
楽田	5.700	6.555
田県神社前	7.300	8.395
味岡	8.200	9.430
小牧原	9.300	10.695
小牧	10.800	12.420
小牧口	11.600	13.340
間内	12.800	14.720
牛山	13.700	15.755
春日井	15.200	17.480
味美	16.900	19.435
味鋺	18.300	21.045
上飯田	20.600	※23.460

※小牧線の特例 上飯田と西尾線の南桜井間、上飯田と空港線りんくう常滑～中部国際空港の各駅間は23.690キロの運賃計算キロを使用して計算する。それ以外の駅から上飯田までを計算する場合は表内の運賃計算キロを使用する。

「瀬戸蔵ミュージアム」の魅力〔尾張瀬戸駅近く〕

[209頁参照]

館内に建つ大正ロマン風、尾張瀬戸駅二代目駅舎のレプリカ。漆喰に塗られたうち壁など細部までリアルに再現されている

昭和40～48年まで瀬戸線も走ったことがあるモ754号車がホームに“停車中”。2分の1カット車体だが本物で往時を彷彿させる

あとがき

令和時代、名鉄電車の一般車は3扉車、同地下鉄直通用は4扉車。特別料金が必要な指定席車は特別車（座席は指定）と名を変え、2扉デッキ付きの専用車に統一された。旅客営業制度は可能な限り簡略化され、ICカードが主役。そして、車両・切符改革の効果で、列車ダイヤをつくる〝スジ屋さん〟の苦労も少しは解消された。それは約40年の道のりだったが、担当者らの苦労は計り知れないものがある。そして、名鉄電車のシンボル「名鉄スカーレット」には今もパノラマカーの魂が息づき、初期車のエンブレムに掲出された「Phoenix《フェニックス》」（不死鳥）の如く、それは厳しい時代を乗り越える原動力でもあろう。

私は昭和60年と平成7年の名鉄運賃改定（値上げ）公聴会で一般公述人に選任され、条件付で賛成意見を述べた。賛成派は一《いち》旅客としては心苦しく、責任を痛感し社や監督官庁に改善策を提言してきた。種々難題もあり長年の歳月はかゝったが、現行運賃・料金でも拙案が反映、継承されており、微力ながら地域に貢献できたことは幸甚に存ずる。

本書の企画・出版に際しては交通新聞社第2出版事業部の伊藤真一氏、小原 唯氏らに格別なご高配を賜った。ご協力をいただいた関係各位に敬意を表し、拙文のむすびとしたい。

主な参考文献

『名古屋鉄道社史』昭和 35 年
『名古屋鉄道百年史』平成 6 年
『名鉄 120 年：近 20 年のあゆみ』平成 26 年
『名鉄ニュースリリース』各号
『名鉄時刻表』各号（名古屋鉄道）
『名古屋駅物語』
『名古屋鉄道 今昔』（以上拙著／交通新聞社）
『まるごと名鉄ぶらり沿線の旅』・同 Ver2、同 Ver3DX（拙著／七賢出版）
『まるごと名鉄ぶらり沿線の旅』・同 NEX
『まるごと名古屋の電車 ぶらり旅してここが気になる』
『まるごと名古屋の電車 激動の 40 年』（以上拙著／河出書房新社）
『名鉄の廃線を歩く』
『名鉄 600V 線の廃線を歩く』
『名鉄パノラマカー』（以上拙著／ JTB）
『パノラマカー栄光の半世紀』
『名鉄 名称列車の軌跡』
『名鉄電車 昭和ノスタルジー』
『名鉄 昭和のスーパーロマンスカー』（以上拙著／ JTB パブリッシング）
『交通新聞』
『中日新聞』
『鉄道ピクトリアル』（電気車研究会）
『鉄道ファン』（交友社）
『鉄道ジャーナル』（鉄道ジャーナル社）ほか

写真・資料提供

稲垣光正、徳田耕治、松原吉治（農学博士）

徳田耕一（とくだ こういち）
交通ライター。昭和27（1952）年、名古屋市生まれ。名城大学卒業。旅行業界の経験もあり、実学を活かし観光系の大学や専門学校で観光学の教鞭をとり、鈴鹿大学（旧鈴鹿国際大学）など複数校で客員教授を務めた。また、旅行業が縁で菓子業界との関係もでき、その商談などで全国を東奔西走した。鉄道旅行博士（称号・旅行地理検定協会）、はこだて観光大使（函館市）、総合旅行業務取扱管理者。主な著書に『DD51形 輝ける巨人』、『名古屋発 ゆかりの名列車』（交通新聞社）、『東海の快速列車 117系 栄光の物語』（JTBパブリッシング）ほか多数。ちなみに、本書はこれらの51作目である。

交通新聞社新書160
変わる！名鉄電車のゆくえ
“スカーレット”の生き残り策
（定価はカバーに表示してあります）

2022年4月15日　第1刷発行

著　者——徳田耕一
発行人——横山裕司
発行所——株式会社　交通新聞社
https://www.kotsu.co.jp/
〒101-0062　東京都千代田区神田駿河台2-3-11
電話　東京（03）6831-6550（編集部）
東京（03）6831-6622（販売部）

カバーデザイン—アルビレオ
印刷・製本—大日本印刷株式会社

ISBN978-4-330-01722-8